RECONEXÃO FAMILIAR

Transformando relações familiares com a mudança de postura.
Uma jornada para ir grande na relação de casal

Editora Appris Ltda.
1.ª Edição - Copyright© 2023 da autora
Direitos de Edição Reservados à Editora Appris Ltda.

Catalogação na Fonte
Elaborado por: Josefina A. S. Guedes
Bibliotecária CRB 9/870

N778a
2023
	Beltrame, Juliane Silvestri
	    Reconexão familiar : transformando relações familiares com a mudança de postura : uma jornada para ir grande na relação de casal / Juliane Silvestri Beltrame. – 1. ed. – Curitiba : Appris, 2023.
	    183 p. ; 23 cm.
	
	    Título da coleção geral.
	    ISBN 978-65-250-5248-9
	
	    1. Casais. 2. Casamento. 3. Família. 4. Amor. I. Título.
	
	                                                        CDD – 158.2

Editora e Livraria Appris Ltda.
Av. Manoel Ribas, 2265 – Mercês
Curitiba/PR – CEP: 80810-002
Tel. (41) 3156 - 4731
www.editoraappris.com.br

Printed in Brazil
Impresso no Brasil

Juliane Silvestri Beltrame

RECONEXÃO FAMILIAR

Transformando relações familiares com a mudança de postura.
Uma jornada para ir grande na relação de casal

FICHA TÉCNICA

EDITORIAL	Augusto Coelho
	Sara C. de Andrade Coelho
COMITÊ EDITORIAL	Marli Caetano
	Andréa Barbosa Gouveia (UFPR)
	Jacques de Lima Ferreira (UP)
	Marilda Aparecida Behrens (PUCPR)
	Ana El Achkar (UNIVERSO/RJ)
	Conrado Moreira Mendes (PUC-MG)
	Eliete Correia dos Santos (UEPB)
	Fabiano Santos (UERJ/IESP)
	Francinete Fernandes de Sousa (UEPB)
	Francisco Carlos Duarte (PUCPR)
	Francisco de Assis (Fiam-Faam, SP, Brasil)
	Juliana Reichert Assunção Tonelli (UEL)
	Maria Aparecida Barbosa (USP)
	Maria Helena Zamora (PUC-Rio)
	Maria Margarida de Andrade (Umack)
	Roque Ismael da Costa Güllich (UFFS)
	Toni Reis (UFPR)
	Valdomiro de Oliveira (UFPR)
	Valério Brusamolin (IFPR)
SUPERVISOR DA PRODUÇÃO	Renata Cristina Lopes Miccelli
ASSESSORIA EDITORIAL	Daniela Nazario
REVISÃO	Juliane Silvestri Beltrame
DIAGRAMAÇÃO	Renata Cristina Lopes Miccelli
CAPA	Tiago Reis
REVISÃO DE PROVA	Jibril Keddeh

A todos aqueles que amam e querem fazer o casamento dar certo.

AGRADECIMENTOS

Agradeço a Deus e ao mestre Jesus, pela oportunidade de publicar esta obra.

Ao meu amor, Luciano, uma pessoa enviada por Deus para a minha vida, com ele aprendo a dissolver minhas sombras e valorizar meu lado de luz, aprendendo cada dia sobre amor próprio.

Aos meus filhos, Giulia e Joaquim, que são verdadeiras sementes do meu jardim.

Aos meus irmãos, pela afetividade do enlace.

Aos meus pais, pela vida.

Ao amor que nos oportuniza vivermos momentos incríveis com quem contribui com nossa evolução.

E a todos os leitores que amam incondicionalmente.

Amor é um fogo que arde sem se ver;
É ferida que dói, e não se sente;
É um contentamento descontente;
É dor que desatina sem doer.

É um não querer mais que bem querer;
É um andar solitário entre a gente;
É nunca contentar-se e contente;
É um cuidar que ganha em se perder;

É querer estar preso por vontade;
É servir a quem vence, o vencedor;
É ter com quem nos mata, lealdade.

Mas como causar pode seu favor
Nos corações humanos amizade,
Se tão contrário a si é o mesmo Amor?

(Luís Vaz de Camões)

É bem simples para um casal. Quando se olham nos olhos, realmente se olham nos olhos, veem somente a alma. Quando as almas se encontram, é possível o amor.

(Bert Hellinger)

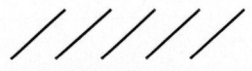

SUMÁRIO

INTRODUÇÃO

Esse livro é um verdadeiro ensaio, trazendo minhas ideias e reflexões sobre o tema casamento e relações familiares, buscando originalidade no enfoque, sem, contudo, explorar o tema de forma exaustiva.

Quem leu e gostou do livro Enlace e Desenlace, pode contar com a sequência nesta obra como se fosse um itinerário do que fazer e não fazer em um relacionamento de casal.

Na realidade, não é um manual, é uma descrição do curso presencial chamado RECONEXÃO FAMILIAR. Ele nasceu no final de ano de 2022, quando senti a necessidade de compartilhar conhecimentos adquiridos sobre casamento.

Todos sabemos que casamentos não tem manuais, muito menos um regulamento para seguir, tendo como resultado a felicidade. Neste livro, você vai encontrar detalhes soltos de anos de experiência para ajudar mulheres a voltar para o centro da força feminina, que vamos perdendo desde que nascemos, e ajudar nosso marido encontrar a força do guerreiro.

Resgatar nosso eixo, nossa essência, para que possamos visualizar o relacionamento de casal de uma forma mais ampla e integral. Mas já vou avisando que não é fácil, precisa ter uma decisão de querer fazer dar certo, não adiante se iludir que conviver com outra pessoa será fácil, perfeito e sem contratempos. Tudo é uma questão de escolha e. ao final. espero que você decida por continuar lutando no seu relacionamento, porque lá é a célula mais importante para seu crescimento pessoal e evolução como pessoa.

Bom, este livro é para mim, para você, para nossos pais, amigas, vizinhos, parentes, enfim, para todo mundo que deseja melhorar suas relações familiares e buscar a paz no lar.

Na realidade, é para aqueles que querem mudar de rota antes que o navio encoste no cais.

Sei que sou destemida, há alguns anos venho me orientando, promovendo uma melhor posição da minha bússola, buscando combater a resistência interna todos os dias.

Confesso que já passei momentos difíceis no meu relacionamento e todos os dias tento melhorar, me transformar e aprender conviver, sabendo que a melhor escolha sempre será o amor.

Sei que nem todos os dias são fáceis e que, a cada dia, temos algo a aprender e ter resistência. É uma opção de vida você querer estar dentro de um casamento. Não adianta achar que o vizinho tem uma relação mais sólida que a sua, porque, na realidade, ele está passando por maus bocados que talvez nem passe pela tua cabeça. O certo é que relacionamentos e seres humanos é um processo, uma difícil tarefa, e só os que sabem o que querem de verdade permanecem.

O mais fácil talvez seria abandonar e viver sozinha, mas não é essa atitude esperada de uma pessoa integral que é responsável pela vida.

O maior desafio do ser humano não é aprender a se relacionar com o outro, e sim parar de ouvir as besteiras que a mente egoísta resmunga internamente e decidir acreditar na rota da vida de forma clara e verdadeira, assumindo nosso compromisso com a responsabilidade.

Escrever não é difícil, o desafio é parar para escrever, e quando passo por um leitor na rua e ele diz: "há gostei do teu livro", ou até: "você disse o que eu realmente sinto", esse é o empurrão que bastava para eu voltar a sentar e escrever novamente.

E cá estou, no meu terceiro livro, levando mais um pouquinho da minha contribuição para esse maravilhoso mundo que Deus criou e cria todos os dias para nos dar a chance de sermos seres humanos melhores, com mais amor pelo próximo, empatia e escuta ativa.

Todos os dias escuto histórias de amor, de mulheres fortes que sonharam um dia em ter um casamento feliz e, por algo que acontece, aquele encanto termina, assim, liquidamente, deixando dores, mágoas, filhos destruídos, sonhos perdidos e uma profunda sombra interna que, para muitas, é difícil de dissolver e que irá repercutir no futuro.

Escrever é um exercício diário. Não tenho pretensão de ser iluminada, só busco me concentrar todos os dias e escrever, com o tempo tem algo que vem, sei lá de onde, que ajuda você descrever o que sente e essas palavras quando se juntam forma um livro.

Não escrevo para virar Best-Seller, escrevo para vencer a resistência interna que me aflige diariamente. Escrever para não parar de lutar, de crescer e realizar algo de bom na minha jornada, quem sabe, ser útil apenas. Um casamento salvado já é o suficiente para eu ficar feliz.

Não vou dizer que podem chegar ao fim o meu e o teu relacionamento, mas que você, nós, tente de todas as formas, de todos os jeitos, para manter viva a completude e o objetivo do enlace e se, no final, não deu, está tudo bem também, ao menos você será forte para fazer um fim com classe e respeito.

Assim, diariamente deixo a minha musa sentar em meu ombro e nesse impulso do talento começa a haver uma conexão profunda entre imagens, ideias, palavras, sensações e sentimentos.

Me vejo em cada palavra, cada página e parágrafo deste livro. Associo as ideias e elas vem chegando lentamente, um pouco a cada dia, criando para o mundo uma obra final que permanece, quase um legado da existência.

A criatividade é um verdadeiro esforço, como se fosse um lampejo de gênio indomável, por razão óbvia, elas brotam da mente e do coração.

Espero que você, leitor, se prontifique para, depois de visualizar essa epifania eivada de sugestões, dicas, toques, referências, manuscritos ou o que você quiser relacionar, mudar sua rota, porque depois que você ler, nunca mais vai poder dizer que não sabia.

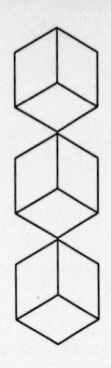

MEIA PÁGINA
DA MINHA VIDA

Este livro é uma forma de expressar o amor e toda gratidão que tenho pela vida que recebi dos meus pais.

Eles me deram a vida, e isso é o suficiente para agradecer a Deus e ao Mestre Jesus que me orienta todos os dias. Dias bons, dias ruins, mas é com eles que levanto e transformo meus maiores medos, minhas dores e meus fracassos em bússolas para o meu propósito de vida.

Agradeço a eles por estar aqui e ter a oportunidade de servir a vida, entregando tudo que eles me deram para repassar aos meus filhos e, assim, podermos somar as "moedas" para as futuras gerações, nutrindo sempre o amor que existe entre nós.

Minha gratidão aos meus pais por todos os ensinamentos, as brigas, os puxões de orelha e os conselhos, só assim pude me fazer completa e hoje ter meus filhos e também meu marido.

Meu pai nunca foi de passar panos quentes nas minhas ações, pelo contrário, ele era justo e firme em suas decisões e em suas reprimendas que, muitas vezes, soavam enérgicas, mas no fundo ele só queria garantir um futuro bom, dando como exemplo a honestidade, o respeito e que a vida não era fácil.

Meu pai era simples, estudou até completar o primário, pouco letrado, de poucas palavras, o silencio movia o seu olhar, que substituía muitas palavras. Ele sabia fazer qualquer conta de cabeça, lembro-me que muitas vezes ele me ensinava raiz quadrada e porcentagem, apesar de eu nunca gostar de matemática e ter dificuldade no aprendizado.

Batia dezoito horas, todos tinham que estar dentro de casa. Quando ele chegava em casa, o seu banho era sagrado e, ao se deitar no sofá, todos corriam para ameigar ele.

Ele tinha um olhar profundo, que ficou imortalizado. Ainda hoje, se fecho os olhos, me recordo do sentimento que eles emitiam, mas sempre tive uma sensação de que ele era gigante, como se eu tivesse asas quando ele estava por perto.

Como sou advogada familiarista, faço reiterados inventários, acompanho gerações perdendo seus entes queridos e sei a dor que é acompanhar as decisões após o desencarne de um pai ou uma mãe.

Filhos arrebentados física e psicologicamente. Mães sem rumo que precisam construir novos caminhos para poder seguir sem o companheiro de tanto tempo.

Meu pai era o segundo filho, assim a história conta, de uma família de nove irmãos. Meus avós paternos nasceram no Rio Grande do Sul, e meus bisavós vieram da Itália. Na realidade, todos são meio parecidos, estatura mediana, comerciantes, "gringos" para falar a verdade.

Entre os anos de 1875 e 1900, mais de 803 mil imigrantes europeus chegaram nas américas por portos brasileiros. Desse total, 577 mil eram italianos.

De um lado a família Silvestrim e de outro a família Silvestri, que se unem para iniciar a jornada da vida representando o lado paterno.

Do outro lado, a família Mocceline, por parte do avô materno, e a família Still, por parte da avó materna.

A cada 1000 imigrantes europeus para a América, 57 eram italianos que adotaram o Brasil, espalhando-se pelo país, sobretudo em *São Paulo e no Rio Grande do Sul, que deu origem* aos 97 milhões de Italianos que hoje vivem no Brasil.

Minha nona Gema sempre dizia que os pais dela vieram no navio por razões sociais e econômicas, pois passavam dificuldade e falta de comida, eram semiescravistas que buscavam na América novas possibilidades e que, na realidade, as pessoas foram iludidas.

Começaram do zero, se instalaram em colônias dos imigrantes. Em meados do século XIX, o governo brasileiro criou as primeiras colônias, fundadas em áreas rurais como a Serra Gaúcha, Garibaldi e Bento Gonçalves (1875). Estes italianos eram, na maioria, da região do Vêneto, norte da Itália.

Após cinco anos, devido ao grande número de imigrantes, o governo criou uma nova colônia italiana em Caxias do Sul. Nestas regiões, os italianos começaram a cultivar a uva e a produzir vinhos. Atualmente, estas áreas de colonização italiana produzem os melhores vinhos do Brasil. Também em 1875, foram fundadas as primeiras colônias catarinenses em Criciúma e Urussanga e, em seguida, as primeiras do Estado do Paraná.

Minha bisavó chegou da Itália e foi residir no interior do município de Tenente Portela, RS, na localidade chamada Serafina Corrêa, após o casamento foram residir no interior de Rondinha, RS.

Inclusive, na pequena localidade de Serafina Corrêa, RS, foi construído um monumento de autoria do artista plástico Paulo Batista de Siqueira, chamado "La nave Degli Immigranti", a nave dos imigrantes, construída em 1986, sendo expressão ímpar de coragem, beleza e história, sendo uma homenagem que destaca a bravura e o significado da imigração e da construção do estado do Rio Grande do Sul.

Meu pai tinha um caminhar lento, digamos um pouco desajeitado, ele era meio ranzinza, não gostava muito de conversas, com ele era preto no branco e muito pouco você conseguiria mudar do seu pensamento.

Ele caminhava uns sete quilômetros todos os dias, não gostava de pizza, cachorro-quente, comia frutas e verduras, um exemplo de domínio de *hábito alimentar, mas sua causa de morte foi* ataque cardíaco fulminante, mesmo que você se impressione, ele não bebia e não fumava, era só o seu ciclo que havia chegado ao fim.

Era sábado de sol, o solstício de inverno no hemisfério sul havia recém--começado. Acordou, comeu algumas bananas e foi para a fazenda. Ao chegar lá, ainda no início do labor, sofreu um ataque fulminante, sem ter para quem pedir socorro, sem dar um último adeus a sua amada, sem ver pela última vez seus filhos.

Na montanha, perto de um coqueiro, ele se despediu sozinho, levando consigo todas as suas memórias, sonhos e projetos de vida. Como o local era de difícil acesso, foi levado na concha de um trator até poder ter acesso à ambulância.

Sabe, às vezes deixamos marcas na história da nossa vida que impactam as pessoas, e essa cena ficará na minha memória eternamente. Hoje, continuo indo ao local, fizemos um cercado e plantamos uma árvore.

Ele era capaz de atravessar o oceano com um sonrisal na mão, risos, quem conhece sabe do que eu estou falando, mas ele representava toda a preocupação da família, chegando ao ponto de não dormir à noite por mais de 19 anos.

Deixa-me contar um pouco do dia em que meu pai desencarnou.

Naquele dia eu e meu marido estávamos em casa, meu irmão Juliano, 12 anos, estava conosco, ele adorava jogar videogames com o Luciano.

Era umas 08:00 horas da manhã, tudo indicava que seria um belo sábado de inverno, o sol já estava raiando quando, de repente, a pior nuvem invadiu o *céu* e causou um vendaval.

Eu lembro que o telefone tocou, sim, já tínhamos celular em 2010, o Luciano atendeu e disse: "*o loco!*", lembro até hoje daquele timbre de voz que só de escutar você já imagina o pior.

Eu estava grávida da minha primogênita e aquele friozinho me convidava para ficar mais um pouquinho na cama.

O Luciano de pronto levantou da cama e não fixava o olhar em mim, apenas dizia que iria falar com minha mãe, e já voltava. Eu continue esperando, meio que se espreguiçando naquela manhã fatídica.

Passados 30 minutos, comecei a ficar apreensiva, pois não tinha recebido nenhuma resposta do meu marido, e fui na janela do quarto observar as pessoas que passavam, e no instante que cheguei vi a ambulância passando com minha mãe dentro.

Primeira pergunta que me veio: que cargas d'água a minha mãe está fazendo naquela ambulância?

Isso me deu um frio que percorreu toda espinha, e logo em seguida a lógica do pensamento começa a agir e tive um insight, porque no início pensei que minha nona não estaria bem, pois ela já contava com 80 anos, mas ver minha mãe na ambulância, só me levou a ter certeza que, se fosse algo com a minha nona, seria meu pai que estaria naquela ambulância, portanto, o único que poderia estar mal naquele momento seria o meu pai.

Aí comecei a agir rapidamente e com muita ansiedade, comecei a arrumar a casa e andar de um lado para outro, tentar criar ilusões ou ideias do que estava acontecendo.

O ser humano gosta de mentir para si mesmo, ou talvez não quer aceitar a realidade.

De acordo com a definição clássica dos dicionários, "mentira" significa emitir algo falso, que é oposto à verdade, mesmo sabendo dela, ou mesmo criando uma ilusão falsa dela a fim de maquiar uma dor ou algo que se sabe. Ou seja, é algo intencional, já que o mentiroso conhece a verdade, mas opta por falar outra versão dela.

Acordei meu irmão e disse que nós precisávamos sair de casa porque, naquelas alturas, a casa parecia pesar em cima de mim, como se os objetos estivessem se movendo e me comprimindo, na realidade eu estava passando por uma crise de ansiedade.

Saímos de casa, tirei o carro da garagem e, ao adentrar no asfalto, algo já sinalizava que não seria um dia bom. O ar estava rarefeito e tive, em questões de minutos, a minha sensação revelada, pois como minha família tem alguns comércios no local, ao passar por eles, todos já estavam com uma fita preta na porta, e isso foi o sinal mais duro para se acreditar.

Descobrir a realidade sozinha, sem ninguém ter contado, é pior. Porque você tem duas opções: ou você continua mentindo para si mesmo na esperança de não ser verdade, ou você encara o problema de vez e começa a sofrer.

Depois disso, vocês já sabem os próximos capítulos, diante da morte, ainda mais de um ente querido, sofremos, questionamos, interrogamos, julgamos, suplicamos por respostas que *só virão com* tempo e com a misericórdia divina.

Depois que passou o terrível dia que perdi o meu pai, comecei a encaixar umas peças de um quebra-cabeças e percebi que Deus não erra.

Cada um de nós tem uma capacidade de atualizar a reprodução celular e, assim, preservar, diminuir ou aumentar o nosso capital de vida orgânica. Cada um de nós tem um desiderato. A conjunção destes fatores determinará um tempo para ficarmos na Terra. É preciso compreender o desencarne e não nos lastimarmos por ele.

Quando aqueles indivíduos a quem somos muito afeiçoados deixarem a Terra, devemos ter muita paciência e compreender que cada um tem seu momento, assim como o reencarne, como fundamentos da justiça do nosso Criador. Assim, emitir pensamentos positivos, procurando lembrar daquele que partiu, pois agora ele, que apenas se libertou da Terra, continuará ouvindo a nossa mensagem, interagindo conosco, dentro de nossas possibilidades vibratórias.

Eu quero aqui voltar para exatos seis meses antes do fatídico dia 26 de junho de 2010, para que você, leitor, siga comigo nos meus pensamentos e ao final compreenda como pode ser linda uma despedida.

Era natal de 2009, quando estávamos na fazenda passando o dia em família, inclusive nessa época o Uly, nosso labrador, tinha uma energia tremenda e ele divertiu todo mundo no rio, agarrando os cipós e correndo no campo.

Nesse momento, convidei meu pai para passar uma semana na praia, imagina a reação dele. Você, leitor, deve estar adivinhando o que meu pai disse: "*imagina que vou gastar quinhentos reais de diária em um apartamento*" logo saia a segunda resposta: "*sabe quantos pacotes de açúcar eu preciso vender*", para quem não sabe, meu pai era comerciante também, e tudo ele media em pacotes de açúcar, farinha, etc.

Meu pai sempre foi um homem simples, econômico e trabalhador, tenho muita gratidão por todo exemplo que ele deixou para nossa família. As raízes familiares marcadas pela escassez econômica e pela dificuldade da época moldou uma visão econômica da vida e isso tornou ele um homem simples e de sucesso.

Bom, como já era esperado, fomos viajar sem meus pais, mal sabíamos que era a última temporada de praia, sem a oportunidade de viajar com eles novamente.

Quando chegava o mês de janeiro, sempre meu pai trazia alguns figos que ele ganhava de clientes, pensa naquela flor de figo de enxerto caseiro, com uma massa deliciosa.

Naquele janeiro de 2010, ele disse ao me entregar os figos: "*aproveita que serão os últimos*", eu achei aquilo meio estranho, mas, não quis perguntar o porquê.

No mês de fevereiro de 2010 ele chegou para minha mãe e disse: "*vamos caminhar*", minha mãe estava lavando roupas e disse que estava cansada, e não foi. Na volta da caminhada, meu pai disse para ela: "*você não foi caminhar, eu ia te contar uma coisa, agora nunca mais você vai saber*".

A minha mãe sempre atendeu os pedidos do meu pai, ela foi uma mulher dedicada, uma maravilhosa esposa e meu pai foi feliz em encontrar ela e formar uma família, mas naquele dia ela não ouviu a voz do coração e recusou a caminhada, que poderia minimizar muitas decisões que ela precisou tomar sozinha após sua partida. Mas, como tudo na vida tem seu propósito, aquele momento também era uma oportunidade de crescimento.

Minha mãe é aquele tipo de mulher que faz tudo pelos filhos e, ao final, esquece que ela existe. Acorda cedo, trabalha, cozinha, cuida da casa, dos filhos, dos netos, e por último, se sobrar tempo ela pensa nela.

Ela é uma verdadeira cigana, uma comerciante de mão cheia, persistente, cheia de bons hábitos, tem uma fé incrível e olha que o pai dela um dia disse: "*menina de pouca fé*".

Lá pelo mês de abril de 2010, meu pai resolveu fazer uma viagem de compras para as cidades do litoral de Santa Catarina, e ele convidou minha mãe, eu e meu esposo.

Sim, foi a melhor viagem da minha vida, afinal, pouco saímos com minha família, e aquele convite seria uma bela oportunidade de criar memórias.

Foram dias totalmente diferentes, a começar por convidar minha mãe para viajar e fazer compras, coisa rara de se ver, o desejo dele era simplesmente gastar despreocupadamente, ele queria ser grato por tudo e satisfazer sua família. Sério, nesse momento, comecei a achar que algo estava estranho.

Voltamos de viagem e ele começou a fazer algumas mudanças nas sociedades que ele tinha com meus tios, decidiu trabalhar com minha mãe e reformar a loja de vestuário, existia um ar de mistério no ar, algo de desprendimento que eu não conseguia entender.

Naqueles dias, descobri que estava grávida da minha filha Giulia e ele começou me dar aulas de como cuidar de um filho, mas isso não era como uma conversa normal, ele queria falar muito e com muita pressa, parecia que não podia perder tempo.

"Não mimar", *"não dar tudo que quer"*, *"se precisar dar uns tapas, dê"*, *"não seja uma mãe boba"*, *"filho não precisa de muito luxo, poucas coisas já fazem eles felizes"*, *"ensine trabalhar desde cedo"*, essas são algumas frases que ele me disse.

Logo que meu pai decidiu ampliar a loja de vestuário, ele começou a inserir umas marcas novas para dar um upgrade nos negócios e, às vezes, ele dizia: *"bom, vocês que sabem o que vão comprar, pois vocês vão cuidar"*.

Sinceramente, neste estágio eu já não entendia se meu pai estava doente, ou eram meus hormônios da gravidez que haviam alterado minha percepção.

Para completar com chave de ouro a justificativa das minhas pulgas atrás da orelha, no mês de maio de 2010 fomos para a cidade de Chapecó, SC, fazer um Show Room, naquela época, minha irmã estava fazendo faculdade de farmácia e morava no apartamento da família.

Ao se aproximar da *última* sinaleira que antecipava a chegada ao apartamento, meu pai disse: *"avisa a Ana que vamos entrar no apartamento"*, puxa vida, estávamos atrasados, o combinado era de pegar ela na frente do prédio e ele muda o roteiro do nada, mesmo sabendo do atraso.

Tudo bem né, pai é pai, lá vou eu ligar para minha irmã e mudar o roteiro.

Ao chegarmos no apartamento que ficava no 12° andar, meu pai foi em todos os cômodos, abriu todas as janelas e dizia: *"olha que vista, inacreditável"*, pior foi ele dizer, vamos até o último andar para ver a cidade, lá em cima ele disse: *"que lugar lindo, simplesmente o melhor ponto de Chapecó, SC"*.

Tudo normal, se não estivéssemos atrasados. Para quem conheceu meu pai, ele era assim mesmo, contemplava o essencial, o respirar, as estrelas, a vida, um generoso pedaço de queijo e uma rodela de salame com uma polenta quentinha.

Chegando no Show Room, atrasados 30 minutos, ele sentou em uma cadeira, e disse: *"meninas, escolhem o que vocês quiserem, são vocês que vão cuidar"*.

Puxa vida, que porra é essa! Com o perdão da palavra, mas cadê aquele homem, *"pão duro"*, controlador e seguro que eu conhecia, de uma hora para outra ele havia se transformado, já não se preocupava com o dinheiro, queria satisfazer nossas vontades, algo havia de estranho, mas era tão sutil que não parecia real.

Pois então, naquela semana, eu havia comentado com ele que iria fazer meu primeiro ultrassom, ele ficou super feliz e disse: *"é um menino"*.

Na quarta-feira, dia 23 de junho de 2010, meu pai foi contratar um construtor conhecido na cidade e pediu que o mesmo fizesse um novo túmulo para a família, principalmente para recolocar meu avô que havia falecido 15 anos atrás.

Sim, do nada. Acordou e resolveu construir um túmulo.

Já na quinta-feira, dia 24/06, como o construtor *não havia começado a construir*, ele foi novamente atrás e pediu urgência, pois no próximo sábado iria escolher o mármore para fixar nas paredes.

Naquele dia, ele chegou para minha mãe e disse: *mãe, já escolhi o nosso lugar, fica bem no alto, dá para ver a cidade"*. A minha mãe, contrariada, disse: *"eu não vou lá, parece tolo escolhendo lugar para morrer"*.

Na sexta-feira, nossa amiga e vizinha Cleocir estava na loja, e conversa vai e conversa vem, ela relata que um parente próximo havia falecido e ela estava meio triste naquele dia, o meu pai, na lata disse: *"não se preocupe, nós somos igual passarinhos, morreu, enterra"*.

Naquele momento, foi a última vez que vi meu pai, pois logo que ele disse aquilo ele falou para minha mãe que iria para casa recolher a roupa, isso já passava das 17:30h da sexta-feira, dia 25/10/2010.

Época de pipocas e copa do mundo. De reunião de família, de torcer juntos. Meu coração que estava verde e amarelo tornou-se preto da cor da sombra e tudo ficou muito triste.

Ele faleceu no sábado, dia 26 de junho de 2010, pela manhã. Fazia sol e um silencio ensurdecedor e quem escolheu a cor do mármore para finalizar o seu *túmulo*, que ele havia contratado na semana, fui eu.

Como eu era a irmã mais velha e minha mãe estava em estado de choque, escolhi o caixão, sim, eu arranjei forças sei lá de onde. Me recordo que, ao abrir o seu guarda-roupas, retirei do cabide seu terno que usou no meu casamento e levei para vesti-lo, na minha imagem eu sempre guardei ele adentrando a igreja ao meu lado, com aquele sorriso cheio de orgulho de poder levar ao altar a sua primeira filha, a sua menininha.

O meu pai sempre foi muito honesto e verdadeiro e *não deixou nenhum débito junto ao hospital e a funerária*, pois pagou tudo antecipadamente.

O desencarne dele, no ano de 2010, foi uma grande dor, demorei anos para superar e compreender a sua partida, me sentia incompleta, sem vida, muito sofrimento onde consegui entender a partida e a morte com a doutrina espírita, que muito me consola e me fortalece.

Aprendi muito com meu pai e continuo aprendendo com minha mãe, hoje compreendo que cada um tem seu momento e o melhor que podermos fazer pelas pessoas que estão ao nosso lado para deixar um legado é construir nossa missão, amando e acolhendo nossa família.

Quem dera um dia eu poder passar todos ensinamentos que aprendi com meu pai para os meus filhos. Sou muito feliz de ter ele como pai e ela como mãe. Só por isso, já sou feliz.

Os meus pais me deram a vida e desde que eu compreendi esse belo presente faço dos meus dias algo bom com tudo isso que recebi.

Sou grata pela oportunidade de viver e ter tido pais comuns, com suas dores, seus lados bons, suas dificuldades, seus erros e acertos. Aprendi não julgar qualquer decisão que eles tenham tomado e aceitar a vida como ela foi entregue.

Porque, no fim, todos somos seres comuns.

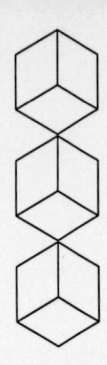

///////
UM NOVO CASAL

A nossa família de origem nos fornece os padrões esperados para vivermos um bom relacionamento. Cremos, no fundo, que tudo que recebemos é o certo e, assim, precisa ser.

Como os nossos pais se tratavam ou se tratam, como eles nos inspiravam, como eles se comportavam, como eles se falavam, agiam, se respeitavam lá em casa, diz muito do que somos hoje no nosso lar.

O primeiro passo é como esse novo casal vai se comportar após dizer o famoso sim, lá na igreja, e ir embora da festa de casamento, se é que ainda acontece.

Novo casal, nova família, surgem os filhos e um novo padrão familiar acontece.

Os filhos vêm depois do casal, logo a melhor forma de externar uma boa criação dos filhos é manifestando o respeito e o amor pelo cônjuge. Os filhos percebem tudo, como nos olhamos, como respeitamos um ao outro, como conduzimos a relação. Ao verem essa relação equilibrada, os filhos encontram nos pais o exemplo que precisam para a construção de um futuro relacionamento.

A intensidade na relação amorosa é que motiva o casal a deixar o seu lar de origem para dividir novas experiências com seu cônjuge, afinal: "quem casa quer casa", não é mesmo?

A ligação de todo casal forma um vínculo de alma indissolúvel, fazendo com que cada um carregue muito do outro em si, razão porque muitos casais que se separam sofrem muito, talvez nem consigam ter outra relação sem que o primeiro envolvimento não seja bem dissolvido.

Geralmente, é no primeiro relacionamento que o vínculo é maior, depois o segundo já tem um carregamento de culpas, dores, filhos de outras relações e, assim, vai diminuindo as chances de ser forte e de construir vínculos, porque o ser humano vai construindo uma casca e vai sabendo conduzir uma relação.

Reiteradamente uma relação passada interfere nos novos relacionamentos. Ou por um medo de se entregar novamente, desconfiança, um pagamento de pensão, uma guarda mal resolvida, visitas, ciúmes, tornando a relação atual perturbada e o novo cônjuge, muitas vezes, se afasta por não se sentir prioridade na relação de casal.

Saber se despedir também faz parte, deixar livre o novo caminho, fazer as pazes com o passado para deixar o novo entrar e fluir, assim, o arranjo do passado deixa de ser um entrave para as relações futuras.

Entrar em um relacionamento requer leveza na forma de agir e compreensão sobre os seus pensamentos, pois é um universo totalmente distinto e que merece muito respeito na sua história.

É muito raro marido e esposa falarem a mesma língua no que se refere ao amor. A confusão de sentimentos e a busca por tentar mostrar para o outro o que realmente move o coração é a peça-chave, como diria Gary Champman no livro: As cinco linguagens do amor. Quem ainda não leu essa obra de arte, é uma excelente dica para nos conhecer e saber compreender como o amor nos move e move o outro.

Com base em décadas de experiência em aconselhamento e em sua *expertise como doutor em Antropologia, Chapman chegou à conclusão de que existem cinco maneiras pelas quais os indivíduos expressam e recebem amor: Palavras de afirmação; Tempo de qualidade; Presentes; Atos de serviço e Toque físico. Conhecê-las e expressá-las adequadamente pode colocar um ponto final em muitas* crises que casais, pais e amigos enfrentam.

Tenho certeza de que haveria menos divórcios no mundo se as pessoas *não buscassem um amor perfeito,* aceitassem as dificuldades que cada um enfrenta de forma individual e compreende-se em tempo a linguagem do amor do outro e a sua própria linguagem.

Afinal, você sabe qual é a sua linguagem do amor?

Sentir-se amado é uma necessidade primária. É uma energia que move o ser humano. As pessoas se comportam diferentes quando o seu tanque de amor está cheio. Assim, quando o casal se torna cada vez mais íntimo, mais profunda vai chegando a relação, ao ponto de que cada um sabe onde toca a ferida, onde faz chorar, onde dá medo, onde deixa feliz e quais são os pontos fortes e os pontos que devemos melhorar.

Seria tão simples se o casal se compreendesse de forma individual, imperfeito e aberto para completar o outro, sem rusgas, sem medo de mostrar as fragilidades. Mas, enquanto não chega esse dia, continuamos aprendendo.

POR QUE VOCÊ COMPROU ESSE LIVRO

As ações de um dos integrantes do casal norteiam a mudança do outro, porque o casamento é um ecossistema vivo.

O que você tem ensinado para seu parceiro? O que você tem aprendido com seu parceiro? O outro, muitas vezes, vai mudar a partir do momento que você mudar. Só o fato de você saber isso, já é um bom começo.

Buscar conhecimento, se autodescobrir, buscar ajuda, fazer uma análise diária das nossas emoções, como se fosse um diário de bordo, já vai despertar no outro um anseio para buscar ajuda e se reaproximar do essencial da vida.

Mas o que é o essencial da vida?

O essencial é simples. Quando escutamos que "o essencial é simples", muitas vezes confundimos essa citação com a do livro *O pequeno príncipe*. Contudo, na verdade, quem disse que o essencial é simples foi Bert Hellinger, um filósofo, missionário católico, psicanalista. *O pequeno príncipe*, por outro lado, disse que o essencial é invisível aos olhos, o que também é verdade.

Não é à toa que a frase de Confúcio é sempre lembrada: *"a palavra convence e o exemplo arrasta"*. Você precisa saber que não ajuda em nada somente levantar objeções contra o seu companheiro(a), julgar e criticar suas atitudes. Foca na sua mudança e espera o outro mover-se.

Lembre-se que, apesar de juntos, cada um tem sua individualidade. Não existe a tampa da panela, na realidade são dois seres completamente diferentes tentando fazer dar certo.

Quem procura ajuda primeiro é a parte mais forte na família. Mas não se arrogue por saber isso, reserve com humildade a sua sabedoria e vamos em frente tentando influenciar o parceiro.

Pequenos passos diários é a principal tarefa do homem para seguir firme e forte na vida, que consiste em levar luz a si mesmo, em se tornar o que potencialmente ele é.

Descanse e trabalhe de forma focada para trazer ele para junto.

Você vai ser o elo de transformação.

Gostaria de deixar claro que, se você estiver em um relacionamento abusivo, busque ajuda de terapeutas, psicólogos, psiquiatras para você não sofrer mais. Um relacionamento abusivo é aquele que predomina poder excessivo de um sobre o outro, a partir de ações, ordens, humilhações físicas e verbais que constrangem e limitam as pessoas.

Denuncie o mais urgente possível. Se não for capaz de ir até uma delegacia, converse com uma amiga, uma vizinha, sua mãe, irmã, tenho certeza que compartilhando sua dor, você poderá abrir novas ideias e compreender o que realmente você quer da sua vida.

Antes de qualquer atitude, precisamos ser autorresponsáveis pelas nossas decisões.

Não tenha medo de abrir primeiro os teus olhos, olhe para seus medos com muita coragem, pois a sua cura está em descobrir a verdade.

HOMEM PROVEDOR

O homem sempre foi visto como sendo o provedor da família.

Antes da formação de pares, os ancestrais do ser humano se relacionavam de forma promíscua. Os homens disputavam as fêmeas entre si, e essa era uma luta baseada em características físicas: vencia sempre o homem mais forte. Depois, as fêmeas passaram a ser mais fiéis, e buscavam o homem que buscasse mais alimentos.

Mas, lá na sociedade agrícola, todos buscavam o alimento. O homem na caça e as mulheres com as sementes. Com a revolução industrial, o homem saiu para trabalhar nas fábricas e criou-se de fato o papel do provedor, criador e "chefe de família".

Foi nesse momento que o homem aprendeu a buscar e prover. A força motriz dele foi para o trabalho, chegando em casa cansado, e toda a sua força de guerreiro foi para o trabalho, nesse momento ele perde a força de conversar em casa, de dar amor, de observar o que se passa dentro do seio familiar.

O trabalho mais arriscado, o serviço mais sujo (limpar esgotos, lavar janelas dos arranha-céus) ainda é do homem, portanto, a nossa sociedade precisa deles e as mulheres, muitas vezes, querem alcançar uma igualdade que nunca será atingida, porque afinal somos diferentes biologicamente e em pensamentos, funções, sentimentos, emoções etc.

Esse lugar traz para o homem uma grande pressão da busca por dinheiro, precisando dar conta de sustentar a família sem poder pedir ajuda. Agora, imaginem um homem em situação de dificuldade financeira. Na sua batalha interna, nos seus devaneios e pensamentos, o homem com problemas com dinheiro está falhando por não conseguir ser o provedor porque, em seus registros, tem a sensação que a responsabilidade é dele.

Nesse momento, começa a surgir a ansiedade, o medo, as frustrações, os desiquilíbrios. Como um filho vai admirar um pai, se ele só trabalha? Ele não tem tempo nem de explicar ao filho o porquê de trabalhar tanto.

Outro ponto que costuma se tornar um grande problema ao homem acontece quando ele se relaciona com uma mulher que ganha mais que ele.

Na cabeça do homem que segue os padrões impostos pela sociedade, o homem deve ganhar mais dinheiro que a mulher, já que ele é quem deve ser o provedor. Se a mulher se destaca profissionalmente e começa a ganhar mais que o homem, essa situação pode, muitas vezes, se tornar gatilho de inseguranças do homem e criar uma relação de competição entre o casal. Muitos relacionamentos terminam porque homens não conseguem se ver nessa situação de "inferioridade".

Os homens estão doentes, confusos e não sabem o seu lugar, devido a esse grande peso patriarcal de precisar ser o provedor, não poder pedir ajuda nem chorar e mostrar suas frustrações.

A relação do homem com o dinheiro é um dos temas-chave para desconstrução de crenças machistas e de uma mudança cultural de masculinidades.

Uma conversa aberta sobre esse tema abre espaço para a vulnerabilidade num lugar muito profundo, às vezes visceral, e desperta uma compaixão num nível mais elevado também.

O homem precisa reconstruir o seu lugar, não podemos continuar vendo o homem como provedor, e sim como uma força de completude.

Os homens estão perdidos, e as mulheres estão se colocando no lugar de mães deles. As mulheres estão tentando resolver tudo, se colocando no papel do embate, da guerreira, perdendo o feminino, se colocando a serviço de tudo, cobrando demais, o que afasta o homem dos relacionamentos.

Nós mulheres temos um papel fundamental nisso tudo, porque, afinal, os homens são advindos das mulheres e as mães são as mentoras para demonstrar o que é o papel do homem e da mulher.

Mulher não é rainha da casa, não precisa lavar roupas, fazer comida para ser feminina, bem como o homem não precisa ser o provedor, matar baratas, trocar lâmpadas, para ser o homem da casa. O problema é a comunicação entre o casal e cada qual voltar a ser homem e ser a mulher, estabelecendo as tarefas de cada um, independentemente do que ensinaram para nós.

Existe um caminho de solução, que é a compreensão da transformação para poder se relacionar melhor com os homens. Não existe uma única virada de chaves, e sim um caminho longo e profundo de transformação.

Quando um homem e uma mulher se encontram, eles se apaixonam, pelo que se projeta, se vê o que se quer, porque projetamos nos outros o que queremos.

Só se apaixonamos porque não enxergamos o outro por inteiro, sem maquiagens, se apaixonamos porque existe uma fantasia construída do nosso modelo ideal. A paixão só se sustenta porque mantemos a realidade do que o outro quer. Depois que a paixão acaba, só continua se o casal está disposto de ver a realidade.

Todo o ser humano é coberto de erros, acertos, sonhos, ilusões, sombras, medos, fracassos, ódio, ternura, luz, ou seja, é uma dualidade dentro de um só corpo e espírito.

Nós querermos que o outro faça do jeito que nós queremos e transformamos a pessoa naquilo que é o ideal no nosso inconsciente.

Tudo que projetamos some, vira um fantoche, uma ilusão, quando o relacionamento começa a chegar nas profundezas.

Chega de comparações, de querer se identificar na oposição do outro. O tempo de guerra chegou ao fim. Permitir chegar neste momento de abrir o coração é um pequeno passo para aceitar as coisas como são. Precisamos deixar no passado os problemas, deixar de querer se vingar do que nos ocorreu.

Para sustentar um relacionamento, precisa ter uma mulher bem feminina e um homem bem masculino, respeitando o que cada um é na sua essência. Sem competições, somente um aceitando o que o outro é na sua essência.

O homem geralmente sabe os seus limites, já a mulher não. A mulher faz, trabalha, cuida dos filhos, lava louça e coloca a roupa na máquina lá pelas onze horas da noite. Por outro lado, se o homem decidir deitar no sofá, mesmo que a casa esteja virada, ele para e descansa, porque ele sabe o seu limite.

O homem perdeu algo dentro dele a partir da revolução industrial, ficou longe de casa, e as crianças perderam o contato com o masculino.

Um homem vazio, que perdeu o contato de sua alma, transformou o masculino numa verdadeira luta inútil, e a mulher não consegue mais se conectar, porque ainda está guerreando com ele, tentando ocupar o mesmo espaço. A mulher grita com o homem devido ao seu masculino estar ferido. Ela exige que o homem precisa continuar mesmo estando no seu limite.

Homens que ainda são meninos. Para ser homem, é necessário ter referência no mundo masculino, aprender com o pai. Meninos agradáveis sabem ouvir, mas tem pouca vitalidade, pouca energia e se tornam mais um filho nessa história.

Qual o lugar das mulheres nessa transformação toda? O homem precisa voltar a ser homem e a mulher voltar a ser mulher.

Você quer se relacionar com um homem bem masculino? Muitas vão dizer que querem, mas depois vão no relacionamento e querem transformar esse ser, aparentemente grosseiro, em um animal de estimação.

NECESSIDADE POR SEGURANÇA

Para você ser uma loba, você precisa saber a diferença de segurança e confiança. Quem busca segurança no homem é uma menina infantil.

Abandone o desejo e a necessidade por segurança.

Estar do lado de um homem requer confiança no que vai encontrar. Quem busca segurança está buscando uma mãe.

A segurança é trazida de casa, do amor recebido, já a confiança deve ser compartilhada com o companheiro para ambos construir um amor saudável e estruturado.

A consciência do homem e da mulher são diferentes. O que é culpa para um pode não ser para o outro. O que é bom para um pode ser prejudicial para o outro.

A mulher que protege demais seu parceiro pode prejudicá-lo e afastar o poder de autoafirmação de sua masculinidade.

Assim, o feminino deve seguir o masculino, colocando-o num lugar de muita força, assim estará impulsionando a servir dentro da relação de casal, tornando a união leve.

A mulher que tem confiança tem muito mais que amor. Quando a confiança começa a ser desestimulada, quando o selo se quebra, deixa aberta a porta para uma miríade de chagas profundas que ocasionam o afastamento do casal.

Um casal não consegue sustentar por muito tempo um relacionamento onde a desconfiança fez morada. Por mais que um queira ir para o mais, o desconfiado sempre vai arrumar um jeito de destruir a relação, porque ele não se permite mais ser feliz.

A traição, a mentira e os abusos só geram a desconfiança na relação de casal. Muitas pessoas sofreram decepções profundas quando crianças e construíram uma barreira para não se machucar mais.

O problema se torna grande quando essa desconfiança atinge o outro, gerando discussões e esfacelamento de relações amorosas. Para evitar ter uma vida de ostracismo, o casal deve, antes, compreender que a confiança é a liga que faz unir todos os elementos de uma relação. Sem confiança, é como acordar e não tomar café, fica um vazio, uma sensação de solidão.

Sem ela, a relação está seriamente comprometida, pode ser levada ao término e a grande sofrimento.

Ser honesto e sincero não são qualidades comercializadas em troca de favores, é algo que devemos eternamente cultivar, independente da relação social.

EXCLUSÃO NA FAMÍLIA

O nosso sistema solar, o planeta terra, as galáxias, tudo está interligado. Afinal, os mistérios do espaço intrigam todos nós, seres comuns, bem como muitos cientistas e estudiosos da vida ao longo de décadas.

Ainda estamos muito longe de compreender o universo, até porque existe uma imensidão ainda não descoberta, mas uma coisa é certa: tudo está interligado e foi criado pelo nosso Deus.

Vale lembrar que, por maior que seja o nosso sistema solar, ele é um dos menores no espaço, sendo assim, os imensos sistemas solares têm tamanhos inimagináveis.

Mas você, leitor, deve estar se perguntando o que tem haver o sistema solar e as galáxias com a exclusão na família.

A família é a base fundamental de uma sociedade. No pequeno grupo doméstico se inicia a experiência da fraternidade. Portanto, sempre quando a família se enfraquece abala os pilares da sociedade toda.

Se olharmos por uma perspectiva de sistema, se ocorrer algum dano no sistema solar, em qualquer ponto, irá ocasionar prejuízos em outra localidade, porque o sistema solar chega a ser uma dança, tudo funciona coordenadamente.

O sistema familiar recorda o equilíbrio que vige o universo: os astros menores giram atraídos pelas forças dos maiores. Nos astros, a perfeita harmonia em face das leis cósmicas que mantém o equilíbrio contínuo.

Um exemplo são os danos à natureza, que trazem prejuízos a fauna e flora.

Qual é o primeiro sistema onde nos encontramos? Pai, mãe e filho. Nesse sistema, aprendemos regras desde pequenos e vamos aprender o que é certo e o que é errado. Com o tempo, vamos aprendendo que tudo que foi ensinado tem certo peso de julgamento que não é correto, como é o caso de excluir pessoas por diferenças de atitude, de pensamento, de opinião, de comportamentos.

O ser humano é constituído para viver em família, a fim de desenvolver sublimes conteúdos psíquicos, que muitas vezes estão adormecidos, estimulando a boa convivência, a troca, a restauração, porque, afinal, todos nós nascemos e estamos na família não por acaso. Ou você continua achando que caiu de paraquedas na sua família?

A verdade é que a exclusão de um integrante da família deixa de ser apenas um detalhe no cotidiano para ser um verdadeiro estopim de muitos problemas que envolve todo um grupo familiar.

Quando alguém for excluído, irá surtir consequências ao decorrer dos anos, existem aqueles que se excluem do grupo para criar uma espécie de proteção frente ao meio que está inserido.

Nesse momento, aquele integrante que se exclui, começa a enxergar culpa em todos, e quanto mais ele observa isso, mais ele vai ficando de lado na família.

Quem aí conhece a ovelha negra da família?

A ovelha negra é aquele indivíduo que decidiu seguir rumos diferentes dos demais do grupo e, muitas vezes, a sua opinião causa um alvoroço no seio familiar, a ponto dele se sentir um verdadeiro estranho naquele lar. Todos ao redor reagem de forma negativa e isso pode gerar bloqueios, que irá crescer e se manifestar cada vez mais forte a ponto de a pessoa começar a agir por pura vontade de ser contrariado.

Nesse momento, tudo indica que nascem os birrentos.

Ser contrariado pode ser algo comum, mas quando as ofensas ficam frequentes, pela forma de agir, falar, os embaraços vão criando irá e revolta, podendo levar a doenças, depressão e isolamento.

Quando ocorre rejeição e repúdio a integrantes da família, ocorre uma terrível exclusão que irá refletir em todo o sistema familiar. Filhos que começam a ocupar lugares dos pais, irmãos mais novos que ocupam o lugar de irmãos mais velhos, responsabilidade de um que é assumida por outrem e assim por diante.

Portanto, o amor deve ser levado para todas as pessoas do grupo familiar. Não existe certo e errado, o que deve existir é a concordância com as pessoas e com o mundo, respeitar as individualidades sem julgamento, construindo um futuro melhor, dando segurança para as crianças crescerem e serem originais, faz com que cada um possa seguir os seus sonhos e escolhas.

Cada indivíduo deve ser responsável por suas decisões, assumindo sua história, todos nós merecemos considerações em nossas diferenças existenciais.

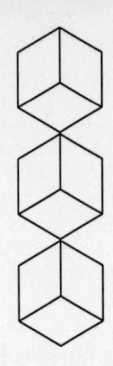

A família é o verdadeiro educandário, celeiro de bênçãos, lugar seguro para a criatura se resguardar das agressões do mundo, adquirindo amadurecimento psicológico para trilhar uma vivência edificante.

Nem sempre acontece dessa forma, onde lá no local abençoado se transforma o verdadeiro esteio em purgatório. Indivíduos imaturos, desiquilibrados, autoritários, arrogantes, descarregam os tormentos naqueles que são indefesos, comprometendo toda disciplina moral, terminando em lamentável fracasso existencial.

O desvio do caminho, conduzido pela permissividade exagerada, pela falta de respeito e responsabilidade perante o outro, pela busca da atração física passageira, de libido exagerado, que logo cede lugar ao desencanto, ao tédio, desinteresse, deixando de lado o compromisso com a prole, na busca pela satisfação pessoal e as apetitosas ofertas de prazer, desestruturam diariamente diversas famílias, chegando ao divórcio.

O exercício da paciência dentro do lar é uma valiosa contribuição para se evitar o divórcio. Interesses imediatistas devem ser substituídos pela busca na completude, observando o que cada um traz para completar o outro.

Aquele que hoje se apresenta agressivo no lar, dando lugar a guerrilhas, conflitos, encontra-se doente da alma, merecendo orientação e precisando exercitar o poder da paciência.

Ninguém se torna infeliz por mero prazer, mas em consequências de muitos fatores despercebidos. Quem não consegue amar aqueles com os quais convive mais dificilmente poderá amar aqueles que não conhece.

A família, portanto, é um núcleo de aformoseamento individual, moral, espiritual, que enseja aprendizagem diariamente, na busca de um futuro promissor e exitoso.

CASAMENTO E LIBERDADE

A primeira palavra aqui é compromisso. Todo compromisso rouba liberdade. Uma vez que você entenda que o compromisso vai roubar liberdade, então quanto maior é o compromisso, menos liberdade você terá.

Uma mulher com um filho é mais livre que uma mulher que tem 03 filhos. Uma mulher que não labora fora de casa é mais livre que outra que tem um emprego fixo. É um ato de coragem se comprometer, ter filhos, abrir mão de sonhos e estar ciente que perdeu um pouco da sua liberdade.

Buscar uma criança na escola, encontrar uma babá, levar um filho autista na terapia, conviver com filhos atípicos faz com que a mulher esteja muito mais presa aos compromissos diários da maternidade.

Emocionalmente, como você se sente com o parceiro, com os compromissos que você assumiu?

Uma mulher solteira tem muito mais liberdade com um parceiro do que uma mulher casada, com filhos e que labora fora. Quanto mais compromissado estou com o trabalho, menos liberdade eu tenho dentro do relacionamento. E isso ocorre para ambos companheiros.

Quando tomamos a decisão de casar, temos que saber o que nós queremos. Viver dentro de um relacionamento requer compromisso para a outra parte. Muitos casais terminam porque não tem compromisso um com o outro.

Às vezes é o homem que busca se ausentar do lar, assumindo vários compromissos, disperso nas aventuras externas, no trabalho maçante permeado de desculpas sem qualquer fundamento e esquece o convívio com os filhos, dificultando o crescimento psicológico dos rebentos. Outras vezes é a mulher que arranja pretextos, atividades além de sua capacidade para esfriar a cabeça de tamanha tarefa doméstica.

Ambos deixam de lado uma boa conversa, uma viagem, um jantar romântico, para atender compromissos sociais, trabalhos exagerados, amigos, substituindo a tarefa doméstica pelo prazer imediato.

Quando o lar é carente dos valores, da alegria, do bem-estar, do respeito recíproco, busca-se fora, em ambientes pouco saudáveis, os estímulos necessários para a própria existência.

Uma desculpa aqui, um pretexto acolá, na incrível ilusão de apontar dedos e guerrear com o cônjuge para ver quem protege mais o lar.

A família sempre precisa estar no topo, não tem conquista maior. Porque tem a ver com passar a vida adiante, servir ao outro. Se você ganha muito dinheiro e não quer perder a liberdade, a vida empobrece, seca por dentro, pois o mais importante é a família.

E, para ser feliz, basta ter o essencial, quando corremos atrás do supérfluo tudo vira bagunça interna. E o que fazemos? Tomamos remédios e comprimidos para autossabotarmos

A família é o significa do mundo. Ou você pensa que Deus criou você para o quê?

Muitas pessoas não querem abrir mão da liberdade, optam por não ter filhos. Outros, tem os filhos e fogem de suas responsabilidades de pai e mãe.

Que a família é a base você já deve ter ouvido isso. Mas compreender exatamente o que ela representa na vida das pessoas ainda não foi bem compreendido, porque muitas pessoas tratam o relacionamento e a família como banal, tomam decisões de forma rasa, fomentam brigas por bobeiras, emburram facilmente, criam confrontos, discussões de forma inesperada e sem significado.

Vir para a realidade é a melhor saída para construir um relacionamento sadio. Maridos que saem de casa sem avisar, tomam cerveja e bebidas alcóolicas frequentemente, voltam tarde sem qualquer compromisso, estão fomentando vícios e afastando da rota do compromisso.

Quando se diz sim para um relacionamento, em primeiro lugar precisa saber do compromisso assumido, das consequências das atitudes, da lealdade da vida conjugal, dos limites ao se relacionar com amigos e conhecidos, não se pode sofrer com o fato de não ter mais liberdade da vida de solteira(o).

Os adultos impacientes e imaturos optam por não explicarem as razões de determinados comportamentos serem bons e outros maus, estabelecendo regras de proibição que despertam a curiosidade e o desejo de conhecê-los a todos, por conter um tema mágico e fascinante.

Saber tocar o outro para que ele entenda os limites, cumprir a presença é saber sinalizar até onde o outro pode chegar.

O fato de você ter um compromisso com alguém muda sua vida, não tem como agir diferente. Não é deixar de fazer as coisas, é saber do compromisso e do limite sem ter a ilusão que a liberdade vai ser a mesma.

Nem sempre, porém, tudo estará em clima róseo, por todo o tempo, porque os cônjuges por mais abnegados que sejam, também padecem de conflitos internos, traumas, incertezas, contrariedades humanas, frustrações, dores, onde somente o afeto e a paciência vão fazer com que ambos consigam superar juntos as dificuldades externas e internas.

Quando enxergamos a realidade tal qual ela é, menos sofrimento vamos ter. Não adianta desconectar da realidade e viver uma ilusão, mais cedo ou mais tarde a conta chega.

Negar o compromisso para ficar mais na empresa, no bar com os amigos até tarde, traz sofrimento, porque está desconectando da realidade do compromisso assumido no relacionamento de casal. O sofrimento não é imediato, não é palpável, mas um dia vai cobrar duro e com juros acumulados.

Você já se perguntou o que está por traz da vontade do marido em ter liberdade e não cumprir os seus compromissos dentro do lar?

Se um homem foge do compromisso todos os dias, com toda certeza ele busca algo que está faltando internamente, agindo como criança e não como adulto.

Porque assumir compromisso é perder a liberdade. Tem muito homem que não está sabendo conduzir uma família. Tem muito homem precisando de ajuda.

Tem muito homem buscando liberdade, sabendo que assumiu um compromisso. Eles querem ficar casados, mas não sabem como permanecer no casamento.

Não esqueça que nós, mulheres, também não estamos sabendo como permanecer.

Não podemos desanimar, o importante é ter autoconhecimento para saber lidar com nosso lado emocional e saber permanecer no casamento.

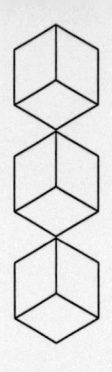

///// A VISÃO SISTÊMICA NOS RELACIONAMENTOS DE CASAIS

É impossível olhar para os indivíduos como um ser isolado. Devemos entender que ele faz parte de todo um sistema, uma organização chamada família.

E vamos combinar que é a melhor organização que Deus poderia ter nos presenteado. A vida vem da família e os frutos também.

Além de toda sua história e jornada, esse indivíduo faz parte de uma família que influencia em todos os aspectos do cotidiano

Esse olhar amplo é o de ver além do marido, companheiro. É enxergar toda sua história, olhando para os seus antepassados e todos aqueles cuja existência foi permeada de dores, dificuldades e alegrias, assim como para a jornada que o levou até lá, influenciando em sua própria trajetória.

Assim, todos os membros de um núcleo familiar estão ligados entre si, como uma comunidade de destino, um grande sistema solar.

Portanto, em todas as famílias existem forças invisíveis que atuam de geração para geração influenciando o grupo familiar.

Todos os integrantes que constituem um grupo familiar assumem responsabilidades perante a futura prole, elaborando planos e projetos que se devem concretizar no passar dos tempos para atender a evolução.

A família é a célula básica do organismo social. O direito Romano reconhece na família os membros que fazem parte do mesmo grupo consanguíneo. A partir da revolução francesa, graças ao casamento laico, o casamento começou a ter comportamento religioso.

Na era pós-moderna, percebemos que a família é o grupo mais complexo. Membros de um parceiro passam a ser membros de seus descendentes. Família da mãe e do pai se unem para formar uma nova família.

Uma grande constelação familiar de seres. A família que trabalha unida e tem um programa de ação coletiva é mais prospera e mais feliz, não permitindo que a hora vazia abra espaços mentais e emocionais para o desperdício de tempo e da oportunidade, que raramente retorna.

O lar não é somente o lugar dos deveres, mas também do prazer, da alegria de conviver e sentir a família, de experiências, júbilos e programar festividades.

Por isso, precisamos organizar o clima agradável e equilibrado em vez de ser um lugar de queixas e reclamações, de tal maneira que o ambiente está sempre contaminado de mau humor e pessimismo.

Quando o lar é carente dos valores da alegria, do bem-estar, do comprometimento, do respeito recíproco, busca-se fora, em ambiente pouco saudável, os estímulos necessários à própria existência.

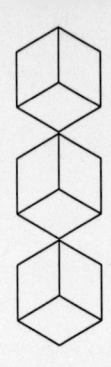

Os genitores em um lar são atraídos pela afinidade, pelo amor, pelos entraves, e pelos compromissos a que se vinculam. Portanto, não é por acaso.

Aos pais cabe a poderosa tarefa de ensino e aprendizagem e são comprometidos muito antes do nascimento. Ambos assumem a responsabilidade a futura prole, elaborando planos e projetos que se devem concretizar com base no sentimento do amor.

Nem sempre os planos traçados se desenvolvem conforme seria o ideal. A precipitação emocional e o desajuste psicológico dos genitores podem afetar o futuro do relacionamento, transformando em tédio a relação.

Para que seja evitado esses percalços, é indispensável que haja uma consciência de responsabilidade no uso do sexo e das cargas emocionais. Porque a paternidade, assim como a maternidade, deve ser responsável, consciente do significado da união, a fim de que sejam evitados os danos do divórcio, do aborto provocado, das mazelas cotidianas e da alienação parental.

A vida não improvisa, sendo toda um trabalho sublime, abençoado pelo nosso Mestre Jesus, orquestrada pelo criador, que deve ser levada adiante com muita seriedade e segurança.

Eis porque o amor é fundamental para um legítimo relacionamento afetivo, nunca podendo ser descartado, nem substituído por desvio de comportamento ou dolo moral, envolvendo os genitores com absoluta parceria e lealdade.

Assim que nasce um filho, os genitores são convidados pela vida a uma mudança de objetivos existenciais, porque a responsabilidade com o rebento é primordial.

A renúncia pessoal, os prazeres convertem-se em deveres para com o filho, constituindo uma infinita satisfação cuidar, dar assistência, acompanhar o crescimento, as conquistas, tudo regado com muito amor, respeito e paciência, assim os filhos vão se tornar afáveis, dignos, gentis, exceto os que já nascem com transtornos de condutas.

Infelizmente, muitos adultos, já no outono da vida, ainda alimentam comportamentos infantis, procurando manter os mesmos hábitos de antes da constituição da prole.

Considerando os modernos padrões de tolerância da sociedade para com as condutas morais permissivas, esses adultos lamentam não mais poder fruir dos prazeres enganosos, ignorando os deveres e as novas responsabilidades com os filhos, pensam que só o fato de trazer o sustento (valor econômico) para dentro do lar, já estão agindo como pais.

Resultado: filhos que buscam prazeres assumem, quando adultos, compromissos levianos e frívolos, vinculados ao prazer sensorial, sem desenvolvimento da inteligência, da moral e da saúde mental, transferindo todas as frustrações do adulto para os filhos.

Mães que transferem as frustrações para as meninas, adultizando elas, roubando a infância, precipitando o desejo sexual, o erotismo, relacionamentos rápidos, desrespeitando o corpo e a vida. Pais que iniciam os filhos na vida sexual antecipadamente, levando à prostituição, agressividade, despertando a curiosidade ao tabaco, ao álcool, chamando sempre atenção para aparência, sem preocupação com o caráter.

Os filhos são responsabilidade séria que não deve ser outorgada às escolas, tios, vizinhos, parentes, avós. Enquanto não surgir a consciência doméstica, os desajustes irão acontecer mais cedo ou mais tarde, criando um ciclo de permissividade e irresponsabilidade.

Filhos órfãos de pais vivos que irão dificultar a economia social com pesado ônus. Muitas vezes vão ser recolhidos por traficantes de drogas, que os utilizam para realizar a distribuição desse pó de decomposição moral e humana.

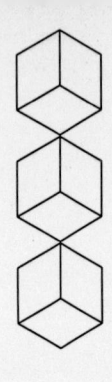

O QUE É AMOR
E O RELACIONAMENTO
DE CASAL

O amor é aquilo que você traz internamente e vai trocar com seu parceiro.

Ele é algo que você traz. Não é imutável, podendo variar a quantidade e a forma e, com o passar do tempo, terminar.

Já o relacionamento de casal é o externo, aquilo que você constrói. A construção é feita dia após dia, sendo mutável.

O relacionamento de casal é mais um lugar onde o amor pode se expressar.

O relacionamento de casal é um palco aberto. É o ponto de encontro entre você e seu companheiro(a), não sendo um simples acordo que podemos nos vincular e desvincular por qualquer empecilho diário. Temos que ter responsabilidade a partir do momento que nos vinculamos profundamente. O relacionamento do casal vai além, não podemos nos unir apenas para suprir as exigências do ego.

Se você casou por interesses econômicos, para suprir uma carência emocional, para cumprir uma exigência familiar ou porque seus amigos estão todos casados, esse caminho não é saudável. Por mais que não começou por amor, pode ser reestruturado para fazer reflorescer o amor.

O segredo é deixar o amor fluir, sem amarras, sem fusão, ou seja, você permanece com sua individualidade, sendo uma unidade incompleta.

O casal é uma unidade incompleta não pode ser uma fusão. O ideal é uma união, mas cada cônjuge mantém sua individualidade para não virar uma simbiose.

Relacionamento de casal é algo comum, quase todo mundo que existe (99%) foi feito a partir de um relacionamento de casal, não podendo ser banal e desrespeitado a união de duas pessoas.

Relacionamento de casal é coisa séria e os pais precisam explicar para os filhos, assim não vão ter uma visão distorcida de casamento.

O casamento é algo sagrado. Casamento visto como união de cônjuges ou companheiros, independentemente do formalismo.

Não podemos desdenhar de algo Divino e que pode dar certo.

Términos levianos tem consequências graves, pois o relacionamento gera vínculo. Exemplo: terminar um casamento para curtir a juventude, esse término fere algo sagrado e a parte que saiu do relacionamento vai expiar no futuro.

O relacionamento de casal é uma grande oportunidade de honrar tudo que recebemos dos nossos ancestrais.

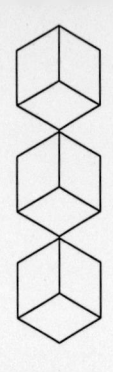

Os filhos são mestres hábeis que ajudam os pais a galgar os degraus da evolução, através das lições de sofrimento que lhes aplicam ou por meio de doações de ternura diária.

Poder conduzir os filhos com sabedoria é o dever que não é lícito ser desconsiderado sob qualquer justificativa. Portanto, quando o filho chega na juventude, seria obrigação dos pais orientar ele sobre o relacionamento de casal e suas peculiaridades.

A família é célula inicial da sociedade quando está estruturada no bem-estar, quando, porém, se apresenta enferma, vai contaminando as futuras gerações.

O nosso planeta ainda é um mundo de muitas provas e expiações, sendo natural que, na grande maioria das famílias, apresentam-se os sofrimentos de várias ordens, convidando a reflexões e ao trabalho de se iluminar internamente para que o relacionamento de casal não se esvazie.

Os jovens ainda estão imaginando que o casamento é um mar de rosas, uma encantadora viagem ao país da ilusão, uma experiência enriquecida somente de prazeres e de gozos. Ao passo que, após passada a fase da paixão, rasgam-se em desentendimentos, passam por discussões, desanimam-se com os contratempos advindos com a chegada do primeiro filho, com os desejos não atendidos e com a liberdade ceifada, sofrendo em relacionamentos desgastados, onde projetam suas expectativas nos filhos, passando por situações penosas e ações odientas.

Os pais devem aclarar os anseios do jovem, baixar as suas expectativas e demonstrar que o "sim" traz consigo uma perda da liberdade, a despedida da vida jovem e que o lar carrega consigo um campo de batalhas não só de júbilos, carregando consigo o papel de escola, oficina, hospital e santuário.

O mais importante de tudo é conscientizar os filhos em torno dos processos de dor, de angustia, de servir o outro, de saber fazer trocas e equilibrar o casamento para se poder gozar da harmonia doméstica.

Todos nós, de uma forma ou de outra, estamos emaranhados com nossas emoções, nossa família de origem e nossos desejos.

Todos os membros de um lar devem ser leais entre si, não sendo somente um grupo biológico vivendo no mesmo espaço. Saber administrar essa lealdade, compreendendo nossas afeições e individualidades é um meio de não tornar tumultuosa as nossas relações interpessoais.

As insatisfações sexuais, as discussões desrespeitosas, as acusações destituídas de fundamentos, as agressões morais e físicas vão agravando o relacionamento, sendo que o próximo passo será a elaboração de plano perverso de vingança, que geram consequências calamitosas, em virtude dos caprichos infantis e do egoísmo exacerbado.

Dois jovens adultos, casados, praticando atos infantis que geram perturbação na vida dos filhos e terríveis consequências no futuro das relações.

Esclarecer a mente juvenil prepara futura família para a realidade do casamento. Compreender os sentimentos, as emoções e o propósito de estar envolto dentro de uma família é uma necessidade humana.

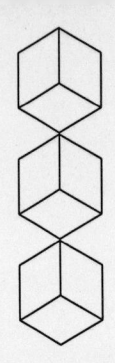

ESVAZIAR-SE

Nossas partes não amadas, nossas feridas, nossas ilusões e nossas partes mais feias estão nos conduzindo diariamente para um caminho árduo e pegajoso e muitas vezes nem percebemos que estamos encobertos nesse fio de linha.

Não podemos subestimar as lixeiras emocionais que carregamos diariamente, precisamos esvaziar-se para poder seguir em paz e aprender cada dia mais.

Essa lixeira que todos nós levamos precisa ser limpa, caso contrário, irá nos engolir sem dó.

Nosso cansaço em tentar fazer a mudança nos outros, vai fazer nós desistir no meio do caminho, traz pensamentos que não queremos mais, nos afastando de várias possibilidades de reparação dentro do casamento.

Devemos expressar nossas contrariedades e verdades antes que elas virem motivos de desenlace. Isso se chama posicionamento.

A mulher precisa ter posicionado dentro dela o masculino curado, porque posicionamento vem da energia masculina. A mulher que tem o masculino ferido tem dificuldade de se posicionar.

Conforme vamos sofrendo, vamos perdendo nossa okeidade, então, para resgatar o que há de melhor em nós, precisamos descansar.

Depois de você descansar, irá vibrar diferente, assim, nada melhor que uma noite de sono dos justos, e isso só é alcançado quando seguimos com aquilo que a nossa alma veio fazer nesse mundo.

Para esvaziar-se, precisamos ser humildes, esvaziar o copo cheio para depois nutrir com mais amor.

Você não precisa fazer tudo para todo mundo. Olhar para dentro de si e esvaziar-se já é um bom começo para poder encher-se de luz.

VOLTAR PARA O CENTRO DE FORÇA

Desde que nascemos, vamos perdendo com o passar do tempo nossa força interna.

O ser humano quando pequeno está lá dentro do útero materno, quentinho, respirando, recebendo alimentos, ele não distingue que existe ele e a mãe, para ele tudo é ele.

Depois que nascemos, vem o frio, sentimos a diferença da temperatura, não tem mais o líquido amniótico para fazer um afago, começamos a experimentar a sensação de fome, medo, choro, fragilidade, perigo e insegurança.

A criança começa a construir sua personalidade, agora precisa chorar para avisar que tem fome, que dói alguma parte do corpo, que precisa ser trocado e aí nasce o ego, você recebe um nome, sente o seu corpo e vai crescendo e se descobrindo.

O ego nos faz sentir a solidão, o abandono afetivo, o desamparo, porque cortamos o cordão umbilical.

Na realidade, o ego quer voltar para o útero materno. Você já parou para pensar que, toda vez que choramos, queremos se aninhar igual bebês lá no útero materno, naquela posição fetal.

Aí crescemos e esquecemos de se olhar, se perdemos nas relações conjugais, nas amizades e na vida profissional.

Para ser sincera ficamos cansadas, porque com o passar do tempo vamos perdendo nossa essência, nossa conexão com o divino que habita em nós.

Para que possamos nos tornar um ser humano mais forte e integral temos que olhar nosso EU maior, recuperar nossa luz e nossa vibração.

Nossa luz nunca para de brilhar. Ela pode estar apagada por uma nuvem, mas ela está lá, basta sentir.

Todo o ser humano é capaz de ser feliz, independentemente das condições onde ele está, porque a felicidade é algo que regamos lá dentro de nós, não depende de agentes externos.

A energia da mulher é a energia da casa. Mulher saudável promove um lar saudável, porque mulher é o centro e nele sentimos leveza. Mulher é bênção e tem muita coisa linda por trás do que hoje podemos ver no espelho.

Então, olhar para o espelho e lembrar daquele bebezinho, que um dia estava em um lugar quentinho, aconchegante, seguro, e agora repare na imagem que vem na sua mente. Imagine esse bebê, ele é você, diga o nome dele.

Agora diga para esse bebê, "fica tranquila", vai dar tudo certo, confia.

Pega esse bebê no colo, sinta compaixão dele, ele sofreu bastante já, ele está triste, traumatizado, precisa de atenção, acolhimento, isso que você vê aí é o ego do teu bebê.

Diga para ele que você vai ajudar ele, curar as feridas, limpar as lixeiras.

Agora o bebê começa a ficar tranquilo, calmo, não julgue mais esse bebê, só ampare, não corrija.

Lembre-se sempre que o ego é o seu pequeno "eu", já o Self é a consciência maior, o divino que habita em você. Deixe sempre florescer a sua consciência maior para que você não se perca em ilusões.

O ego é a sobrevivência, o Self é o humano. A resistência trabalha para o ego. Já os anjos trabalham para o Self. O ego é medíocre, o Self é divino. O ego tem a morte como sendo real, o Self tem a morte como sendo ilusão. O ego tem o tempo no espaço real, para o Self tempo e espaço é ilusão. Para o ego os indivíduos são indiferentes, individuais, para o Self todos somos um, tudo é amor e inclusão.

Para o ego Deus não existe e para o Self só existe Deus.

O Self entende que vivemos em sobrevivência, competição e ambição, para o Self, tudo é uma realização humana, evolução. No Self você tem seu centro de força integral.

Para resgatar o que há de mais lindo em você, precisa descansar, olhar para si, viajar no seu interior, se permitir.

Se você descansar, você vai vibrar diferente.

EM BUSCA DA
OKEIDADE PERDIDA

A Análise Transacional é uma teoria do desenvolvimento humano desenvolvida a partir da década de 1950 pelos estudos de Eric Berne.

É uma abordagem psicológica que trata de maneira prática e compreensível os aspectos mais importantes da personalidade e das relações entre as pessoas. Para algumas pessoas, também é considerada uma filosofia de vida por causa das suas bases e princípios.

A okeidade é uma crença no potencial original do ser humano, de sentir-se bem consigo e com o outro. De saber realizar trocas sem sair do seu estado original.

Conforme vamos nos desiludindo, sentimos o sofrimento, as dores *físicas e psicológicas*, as contrariedades da alma, os reveses da vida e vamos perdendo o nosso centro de força, nos afastando da nossa okeidade original.

Temos que voltar para esse centro de força original, de intimidade com nossa alma, sendo totalmente possível nos reaproximar.

Existem pessoas que, desde o útero materno, *já vão se afastando, de . forma direta e* indiretamente. O importante não é o quanto você se afastou, o importante é resgatar, se reaproximar desse processo de volta.

A mulher cansada vê *dificuldade em tudo e isso gera* consequências, internas e nas relações familiares e interpessoais.

Na realidade, de todas as transformações que alcançamos, a única que realmente é importante e decisiva para o nosso sucesso pessoal é se estou OK. Nunca podemos fazer outra pessoa ficar mais OK do que nós estamos. Para se ajudar a quem quer que seja, antes precisamos aceitá-lo como é, com todas suas virtudes e suas dificuldades. E, para se aceitar o outro, temos primeiro que aceitarmos a nós próprios.

Diante de uma pessoa com condutas inadequadas, *só somos responsáveis* pela nossa mudança, e não pela mudança do outro.

Dentro do relacionamento de casal, se embarcarmos na tentativa de mudar o outro para moldar ao nosso estilo, estaremos fadados ao total insucesso.

Se ela ou ele está Não-OK, por uma causa qualquer, não podemos manipular a causa, mas sim nossas respostas a ela, com empatia e escuta ativa. Aqui não existe a figura do salvador. O salvador é quem se responsabiliza pela mudança do outro, tornando-o dependente do mesmo ato, e isso só prejudica a relação e nos adoece.

O mecanismo mais comum que utilizamos para continuarmos Não-OK é justificarmo-nos pelo passado, fazendo com que uma recordação se transforme numa causa que nada tem a ver com o processo. É importante desligar a influência da causa e trabalhar-se o como vamos nos recuperar.

O nosso passado faz com que não assumamos a nossa responsabilidade diante das nossas condutas no presente, esquivando-se da racionalização, ficamos com o pescoço voltado para o passado apresentando desculpas para um presente que não acontece.

É certo que possuímos memórias antigas, mas também é certo que prestamos atenção a elas demasiadamente e somos responsáveis pela atenção que focamos. Ou seja, é muito mais importante prestarmos atenção nas nossas inspirações diárias do que nas memórias guardadas, porque muitas vezes damos mais atenção para as memórias negativas guardadas, e assim, ficamos presos e limitados nas crenças destruidoras e limitantes.

Isto é que nos leva a crer que a okeidade postula uma filosofia da responsabilidade pelos nossos atos e pelo que fomentamos no dia a dia.

Seu maior objetivo é levar o indivíduo a assumir seu pensar, atuar e sentir, no aqui-e-agora, entendendo o passado como experiência e o futuro como planificação. E se pretendemos ajudar-nos e aos outros, nossa primeira responsabilidade é estar OK.

Tudo indica que não há limites para o fenômeno humano. E somos responsáveis também por nossas potencialidades e tudo aquilo que atraímos. Quando a mulher está 100% OK, ela consegue influenciar o companheiro a sugestionar melhores comportamentos.

Estando com a okeidade regulada, tudo fica mais fácil.

PORQUE ERRAMOS TANTO DENTRO DO CASAMENTO?

Muitas perguntas surgem quando algo não vai bem lá no relacionamento de casal. Alguns questionamentos surgem e fazem um grande tumulto nas nossas atitudes diárias.

Por que eu tenho tudo para ser feliz e não consigo sentir essa felicidade? Por que eu não consigo ter um bom relacionamento? Por que repito meus erros sempre, por mais que juro não errar mais? Por que sempre me sinto culpada pela relação conjugal? Por que queremos ser firmes e impor limites, mas somos manipulados? Por que queremos guardar dinheiro, mas gastamos sem ver? Por que queremos manter um casamento, mas não temos permissão? Por que queremos ser felizes, mas a grosseria vem? Por que queremos agir com paciência, mas vivemos estressados?

Eu convido você olhar com muito amor todos esses questionamentos, alcançando com muita clareza o lugar que cada um ocupa lá dentro da família.

Uma coisa é certa: nossos maridos e nós mesmas não somos os nossos defeitos. O ser humano tem pensamentos, sentimentos e comportamentos. Nós não somos, preguiçosos, estressados, briguentos, estamos com esse comportamento, portanto, temos que cuidar dos nossos sentimentos e pensamentos, não adianta só olhar nossos comportamentos, precisamos entender o que está ocorrendo muito antes deles acontecerem.

Nosso sistema familiar faz muito por nós, que nos deixa às vezes impedidos de ter um livre arbítrio. Ou por questões de crenças, por lealdades familiares, por descumprir as ordens do amor.

Portanto, somos parceiros e nós mesmos somos mais do que os defeitos se apresentam no dia a dia. Quando agimos, estamos motivados por algo anterior que tem muito a ver com nosso sistema familiar, com o lugar onde fomos criados, com os costumes recebidos da família de origem, com os comportamentos que presenciamos de nossos pais quando crianças e adolescentes.

Quando erramos com o outro, abrimos feridas muito grandes no parceiro, mágoas antigas, feridas não cicatrizadas, assim, temos que entender que ferimos lugares mais profundos. Erramos e não damos tempo para o outro se recuperar. Os homens são mais lentos para se recuperar de um erro e uma crítica. A energia masculina é diferente da feminina. A energia da mulher é dinâmica, já o homem concentra mais, tendo uma grande diferença funcional na forma de sentir e agir entre homem e mulher, assim, as cicatrizações das feridas são diferentes. Enquanto para a mulher o que atrapalha é a lembrança, para o homem é a ação.

Quem erra deve dizer: eu sinto muito e se afastar um pouco para dar tempo do outro se recuperar. O ideal seria nunca errar, porque a gente não sabe onde o erro vai tocar.

O que você viu seu pai e sua mãe fazer lá dentro do relacionamento deles?

Só com a ordem podemos afinar nosso violino. Agir de consciência leve diante de um "erro" sempre está a serviço de algo muito maior que podemos imaginar.

Muitas vezes nossos comportamentos estão presos em amarras anteriores, e o que nós vemos são só os comportamentos e não buscamos ver a origem de tudo, e logo condenamos.

Hoje presenciamos muitas atrocidades na sociedade, violência em escolas, igrejas, nas ruas, e julgamos o assassino, esquecemos de olhar para o passado e ver como aquele ser sofreu e traz dores que jamais foram curadas, olhadas.

Simplesmente a sociedade está doente, queremos tratar as consequências e não paramos para cuidar precocemente do ser humano que está em construção. Os pais, são culpados quando não olham, fazem de conta, não educam e não dão exemplos. A escola é culpada quando mascara, não cobra e fica refém do sistema. A sociedade é culpada por julgar, reprimir e não investir em políticas pública de cuidados com o ser humano.

Quem não conhece um caso de alguém que se vangloria de sua doença e se recusa realizar um tratamento médico, ou até se sente inocente, provocando uma tragédia como se não houvesse consequências dos atos nefastos.

Hellinger observou que atua nas relações familiares a consciência leve e pesada e essa é determinada por três leis naturais, que atua diariamente em nossos relacionamentos: Pertencimento (gerada pelo vínculo), Ordem (gerada pela hierarquia) e Equilíbrio (gerada pelo dar e receber).

Podemos descrever a Lei do Pertencimento dessa forma: Todos têm o direito de pertencer. Esse pertencimento é gerado pelo vínculo de sangue ou por laços de destino.

Dentro dos laços de sangue estão os parentescos diretos (vivos ou mortos), nossos pais, filhos, irmãos, avós, bisavós, exceto primos. No caso de uma criança adotada, ela pertence à sua família de origem, onde a vida chegou até ela.

Os laços de destino referem-se às pessoas que geram alguma vantagem ou desvantagem à família, como exemplo: pessoas que salvam a vida, médicos, bombeiros, alguém que doa alguma herança, parceiros atuais e anteriores, promessas de casamento, estupro, assassinos, acidentes de veículo, roubo de bens, etc.

Cada um traz dentro de si o universo, isso quer dizer que temos dentro de nós o branco e o preto, o claro e o escuro, o lado bom e o lado mal, a alegria e a tristeza, o choro e o riso.

Já a ordem é estabelecida por uma hierarquia, ou seja, quem chegou primeiro lidera as funções dentro do grupo familiar, não pressupondo obediência automática, e sim precedência e respeito.

Quando nos movimentamos contra a hierarquia do sistema, nossa consciência fica pesada, e ficamos com a consciência leve quando nos movemos a favor do fluxo das crenças e dos modelos da nossa família.

Assim, quando a ordem é preservada, os membros posteriores não se metem nos assuntos, sentimentos, nas obras e nos defeitos dos anteriores, sem qualquer recriminação, são gratos independentemente se concordam com eles ou não.

Um grande exemplo é quando um filho tenta salvar o relacionamento dos pais. Ele sai da ordem, critica segundo o seu ponto de vista, por mais que faça com muito amor e respeito.

Esse mesmo filho com o tempo poderá dizer em sua mente: "Querido papai, sinto muito por ter me metido na vida de casal de vocês, reconheço agora que sou pequena, uma simples criança perto de vocês."

Na realidade, esse tipo de situação se repete em muitas famílias, com uma vontade de melhorar a relação dos pais, o descendente puxa para si uma tarefa para qual não tem autoridade de resolver, no fundo a criança diz: "querido papai e querida mamãe, vejam só, eu também."

Na última lei natural, que é o Equilíbrio, ela estabelece o dar e receber entre os iguais, onde não tem hierarquia, ou seja, diretamente nas relações conjugais e entre amigos.

Dizemos que: quando a ordem entra pela porta, o equilíbrio sai pela janela. Portanto, equilibrar relação com os pais nunca vai dar certo, pois eles são e serão sempre maiores que os filhos.

Os pais nos deram a vida e nada é mais importante do que receber a vida e fazer algo muito maravilhoso com esse bendito presente.

Mas o que ocorre quando um parceiro fere o outro?

Podemos dizer que um dos dois fez algo que feriu o parceiro. Portanto, para haver o equilíbrio, aquele que foi ferido deve fazer algo negativo, estabelecendo uma compensação.

O importante é nunca devolver na mesma moeda, sempre um pouquinho menos, para restabelecer o equilíbrio. Aí o parceiro percebe isso, e dá algo positivo, e o outro repete dando algo um pouco melhor e assim restabelece as trocas, e o casamento volta a crescer para o lado positivo.

Então, agora que sabemos as leis naturais, podemos começar a organizar nossa vida conjugal e, por conseguinte, nossa família.

O primeiro ponto é entender que, em uma relação conjugal, somos estrangeiros, isso mesmo, cada um tem seu gosto, seu jeito, seus anseios, trouxe do lar de origem uma forma de ver e sentir a vida.

O homem e a mulher nem sempre estão de acordo, exatamente porque vieram de famílias diferentes, na qual as coisas são feitas de forma diferente.

Por isso, homem e mulher precisam largar a família de origem e estabelecer as novas regras da família atual que estão criando. Essa negociação das novas ordens muitas vezes vem entremeadas de muita discussão dentro do lar, o que prejudica os filhos.

Outro ponto muito importante que influencia os erros no casamento é contar para os familiares o que acontece dentro da relação de casal.

Tudo o que acontece na relação de marido e mulher precisa ficar em segredo, a sete chaves, não se deve contar para amigos e familiares, exceto se estiver vivenciando um perigo eminente de risco de morte ou relação tóxica e abusiva.

O relacionamento de casal sempre começa de maneira comum. Um homem precisa de uma mulher e uma mulher de um homem, como se ambos buscassem a parte que falta.

Assim, o êxito nessa relação será apenas quando o homem respeitar essa mulher como ela é e a mulher respeitar esse homem como ele é.

Muitos entram na relação de casal querendo mudar o outro ou fantasiando o que vê, se não for da forma que planejou, tenta modificá-lo, amoldá-lo, e isso é um modo de pré-divórcio.

Concordar em amar o parceiro como ele é deixa-o seguro para seguir seus projetos e faz com que o amor flua na relação.

Muitos casais falam que precisam ser iguais para dar certo, que precisam pensar da mesma maneira, que se tornam uma só pessoa. Esse é o pior erro dentro do relacionamento, pois cada um deve manter sua individualidade para poder somar com o outro o que falta e, assim, crescerem juntos.

Então, como podemos diminuir as chances de errar dentro do relacionamento de casal?

Em primeiro lugar, precisamos conhecer bem o nosso sistema familiar. Verificar nossos gostos, crenças, jeitos, pensamentos, lealdades, evitando assim, que cometemos erros inconscientes, conscientes, erros emprestados, erros de interpretação.

Mas, você deve estar se perguntando, o que são erros inconscientes?

Erros inconscientes são aqueles que você erra e nem percebe, por exemplo: o marido coloca a mãe no centro do relacionamento, ou seja, dá mais prioridade para a mãe do que para a esposa.

Esse erro fala muito do sistema familiar do marido, e ele precisa olhar para o seu sistema familiar, senão vai continuar errando e não vai perceber que está levando em consequências o término da relação.

O erro consciente é aquele erro que a pessoa sabe que está errando e faz proposital. Geralmente esse erro é cometido para irritar o outro cônjuge, fazer brincadeiras de mal gosto, tirar a pessoa do sério.

Existem erros de interpretação que são aqueles que o homem ou a mulher faz sabendo que não pode, mas acha que o outro não vai reclamar, por exemplo: Sair no *happ hour* com os amigos e no meio da festa muda de local, sem avisar, gerando desconfiança no outro quando descoberto, ou não avisar que estourou o cartão de crédito e esperar vir a fatura para comentar.

Existem também os erros concretos e os abstratos. Erro concreto são aqueles que ocorrem e o cônjuge tem provas. Já o erro abstrato só está na imaginação do cônjuge e o outro não executou nada daquilo que fervilha na cabeça.

O erro espontâneo ocorre quando o cônjuge faz e não percebe, por exemplo: a mulher tem excesso de cuidado materno e não dá atenção ao homem, este sente-se isolado e rejeitado, afastando-se do lar conjugal, muitas vezes procurando a traição. Aqui não é que o marido quer trair, mas ele busca atenção e a mulher não está disponível.

O erro induzido é aquele em que o cônjuge faz para induzir uma atitude do outro parceiro. Por exemplo: o homem labora demais, passa muito tempo no trabalho, ele dessa forma está mostrando uma vontade inconsciente de ter uma vida paralela, sozinha.

O importante é saber que muitos dos erros são cópias dos pais, ou antepassados. Aí você precisa entender e conhecer o seu sistema familiar e o dele, e observar o movimento dentro da relação conjugal.

Tente fazer essa pergunta: da onde vem essa vontade de sair sempre? Por que ele sempre precisa beber, frequentar bares?

Os erros são responsáveis por desequilibrar os relacionamentos de casais. Então, perceba sempre se você está se doando demais, fazendo muito pelo seu cônjuge e vice-versa.

Assim, percebemos que somos vítimas da nossa própria ignorância, porque não queremos mudar, queremos mudar o outro. Não podemos fazer demais para o outro, se o outro errou, devemos abrir um espaço para que o outro resolva, conserte, perceba seu erro.

Não se resolve erros no casamento assistindo Netflix, dá muito trabalho, às vezes, uma vida inteira consertando, curando feridas, sem ter medo de errar, de se posicionar.

Pegue seu caderno e comece a escrever todas as feridas que você tem. Muitas vezes essas feridas não deixam a gente crescer e se posicionar. Sempre deixamos para ontem, porque a gente tem plena convicção que amanhã vai resolver. Precisamos ver a realidade hoje, porque existe chance de não acontecer.

Homem saudável não foge de sua hombridade, ele quer ser honrado, forte, quer proteger a família, homem que não assume isso, está doente. Por outro lado, a mulher arrogante quer fazer tudo, pega toda a responsabilidade para si e fica cansada, uniu a fome com a vontade de comer. Seu marido fica leve e você continua pesada.

Cada um precisa assumir suas responsabilidades e, para dar essa ordem dentro do casamento, precisa ter posicionamento.

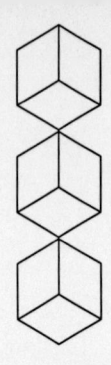

LEVEZA NO LAR.

Um homem precisa de uma mulher e uma mulher precisa de um homem. O masculino e o feminino se completam. Não foi por acaso a criação.

Quando o feminino segue o masculino e o masculino serve o feminino uma grade dinâmica acontece. Com o tempo, esse padrão foi alterado, e nossas relações foram ficando complexas e desconfortáveis.

Todos sabemos que a consciência do homem e da mulher são diferentes. O que é culpa para um pode não ser para outro.

Na realidade, basta cada um desemprenhar o seu papel para que a orquestra seja um sucesso, leve e natural. Mas a pergunta que não quer calar: como se manter cada um no seu papel?

A questão é muito básica e, de tão simples, fica complexa.

O homem precisa estar inteiro para viver um relacionamento saudável, bem como a mulher. Assim, o fluxo do amor não se interrompe e ambos conseguem fazer trocas para se completarem, preenchendo aquilo que falta no outro e jorrar para aos filhos fazendo com que o amor siga o fluxo.

Ocorre que muitas vezes, esse homem ou essa mulher vem com carências da família de origem, assim um vai querer compensar no outro essa falta, assim, começam as decepções e a relação se esgota.

Tudo que recebemos dos pais foi o suficiente, mas achamos que deveríamos ter recebido mais, e essa arrogância nos torna fracos, pedintes, sedentos por tentar que o outro preencha essa lacuna.

A beleza de um a relação é a dança, assim como o yang e o yin, onde o homem presenteia a mulher com o masculino e a mulher presenteia o homem com o feminino.

Se a mulher desenvolver o masculino nela, não vai sentir falta do homem e se o homem desenvolver o feminino nele, não vai sentir falta da mulher.

A madura relação de casal precisa da carência do que o outro pode dar, assim o dar e tomar se completa numa relação de ajuda mútua. Quando um se enche de ambas as polaridades não existe mais propósito e tudo acaba.

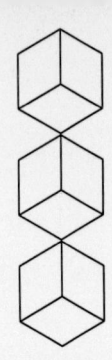

O QUE EU SEI

Existe um segredo dos leitores assíduos que os demais leitores ignoram. Ler não é difícil. Criar o hábito de leitura é complicado. E o que nos impede de ler todos os dias é a resistência.

O que significa essa resistência?

A resistência é uma força totalmente tóxica. Causa infelicidade, paralisação, impede de concretizar a vida e ir para o centro da nossa essência.

A resistência são as várias desculpas que damos no nosso dia a dia, para nos isentar de evoluir.

Nosso ser busca a evolução, mas ele dá um jeito de impedir essa trajetória.

Quando nos colocamos no papel de vítima, praticamos, literalmente, uma agressão passiva. A pessoa busca gratificação não por meio de suas conquistas e mérito, mas pela manipulação dos outros através de ameaças tácitas.

Quem se vitimiza não trabalha.

A resistência também vitimiza o amor. Pega carona no parceiro, na sua luz e criatividade e, muitas vezes, tem o efeito ao contrário, adora tanto o amado ou amada que desencoraja-o de irradiar a própria luz.

Quem se deixa levar pelo escárnio da resistência, sofre com a infelicidade, sente-se péssimo, fica entediado, inquieto, vê defeito em tudo, quer só farra e assim, essa energia contaminada vai tomando conta do nosso ser, desde drogas, vícios, preguiça, adultério, deslealdades, uma verdadeira autossabotagem.

Isso é puro desrespeito com a vida. É uma forma de tornar a magnitude da vida em paralisia amarga, dura, cheia de fundamentalismo barato.

O fundamentalismo é a filosofia barata de quem não quer arregaçar as mangas para começar a jornada e só colocar a culpa e o inferno na vida nos outros, criticando o jeito, a forma e o hábito do parceiro.

Esse indivíduo perde mais tempo contando asneiras para si, do que engenhando fórmulas para sair do casulo existencial.

Quem se realiza na vida não tem tempo para criticar o companheiro. Quando fala é para encorajá-lo e trazer novas oportunidade de crescimento conjunto.

Quem ama quer o bem do companheiro, quer ascender, realizar e compartilhar. Quem ama não compete, critica ou rivaliza.

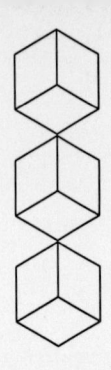

Ao entrarmos na casa da família do nosso companheiro(a), marido, temos que fechar nossos olhos, ouvidos e boca. É bem isso. Sei que é difícil, que muitas vezes vamos querer dar nossas opiniões, pitacos e ideias, mas isso não é da nossa conta, entende?

Não devemos criticar, muito menos dar palpites na família de origem do outro para que não ocorram contratempos e brigas desnecessárias. Ali, naquele espaço, você é estrangeira e ponto final.

Quando duas pessoas não nascem no mesmo sistema familiar, demora um pouco até que elas entendam "as regras do jogo" da outra família.

Pegamos, por exemplo, uma nora, chega cheia de vícios e hábitos do seu sistema original e vai querendo mudar a rotina e os hábitos da família do marido. Por outro lado, a sogra conhece muito sobre como funciona o sistema dela e pode ter alguma dificuldade para aceitar interferência externa, advinda do genro.

No começo, essas distinções não ficam sempre muito óbvias. Enquanto uma faz concessões para aceitar quem entra, quem chega se esforça para pertencer, é um jogo das boas-vindas. Assim, é possível afirmar que nem a sogra nem a nora são completamente honestas sobre tudo o que rola na família. Há verdades que só o tempo irá revelar e, se ambas permitirem, passar por algumas tempestades pode deixar o relacionamento mais genuíno do que era antes.

Devemos ser como estrangeiros na família do outro, assim vamos colher respeito, admiração e confiança.

Quando renunciamos algo do nosso sistema familiar para acolher outro sistema, conseguimos pertencer, ocorre que ambos precisam estar prontos para realizar essas renúncias. Muitas vezes, queremos que o outro siga as "tradições" familiares, e aí começa um grande inferno na relação que é a competição de qual família é melhor.

Quando um dos cônjuges se nega em renunciar, caindo na arrogância de achar que seu sistema é melhor, claramente morre o equilíbrio do casal, porque uma boa relação só funciona com a troca entre o dar e tomar.

Quem se arroga acha que o seu copo está cheio, que não precisa aprender mais, que já sabe tudo, nunca estando aberto para melhorar e aceitar novas possibilidades.

Se quero que a relação cresça, não devolvo apenas à medida que recebi, e sim um pouco mais. Assim o outro percebe que recebeu mais e tem o convite para dar um pouco mais, assim a relação cresce.

Se cada um entrega somente a medida, cada um é livre para seguir separadamente, sem crescer, nem contribuir.

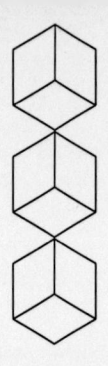

MEDO DA MUDANÇA

Medo é um sentimento primário, todos nós temos. Mas podemos transformá-lo em força e viver com muita harmonia.

O oposto do medo é a alegria.

O medo é normal, ativa nosso cuidado de alerta. Nos impede de agir sem responsabilidades. O que não podemos é viver com medo.

O medo precisa ser curado para que não prejudique nossa evolução.

Eu mudo. A mudança começa em mim.

O medo é uma coisa boa, ele nos ensina qual o melhor caminho, pois ele aponta diretamente para o que nossa alma veio fazer.

Portanto, quanto mais medo você tiver, mais certeza poderemos ter de que esse empreendimento novo é importante para nossa evolução.

Todos os obstáculos que temos em nossa vida, principalmente no exterior (relações com as pessoas) refletem nossas limitações presentes em nosso interior, demandando uma transformação muito pessoal, específica e intransferível.

A superação, o fortalecimento íntimo e o progresso individual são sempre combustíveis para nossa jornada.

QUEM SOU?

Para mim, faz muito sentido escrever este livro, pois durante os últimos 20 anos estou na escuta ativa de minhas clientes, ouvindo suas dores, seus temores no momento da separação.

Onde estou e para onde vou, com quem vai ficar as crianças, porque aconteceu comigo, onde eu errei, já não sei mais do que sou capaz.

Um novo começo é sempre fruto de muita tempestade e luta.

Ajudar as mulheres sentir o poder da presença, se conectar com elas mesmas, sentir e vivenciar uma trajetória nova é uma grande satisfação do meu trabalho.

Cada história trazida pelas minhas clientes é um novo desafio e aprendizado.

No ano de 2022, acompanhei uma separação de um casal que se uniu ao matrimônio no ano de 1965. Foram 57 anos de união, onde o homem beirava seus 79 anos e a mulher 72 anos, daí você me pergunta, o que leva um casal a se separar nessa idade?

A empolgação da paixão do início é substituída pela rotina da convivência e, por motivos de quebra de fidelidade, o fluxo do amor, que já veio interrompido, uma hora ou outra se apresenta como única alternativa.

O casal que não se despedir da paixão do início e não construir sua casa na solidez da base familiar, aceitando e compreendendo a completude da rotina e da diferença, não consegue atravessar o inverno do relacionamento de casal.

Quando uma mulher decide adentrar em um escritório de advocacia para pedir a separação, pode ter certeza que ela está vivenciando o amor cansado. Ela já perdeu várias noites de sono, já buscou ajuda, frequentou terapias, compartilhou com amigas, ou seja, fez o possível para salvar seu casamento.

Mas tem um detalhe que elas esquecem: o saber compreender a alma.

Sabe o que é o amor cansado? É aquele amor que perde as esperanças de tentar, que já fez o impossível para manter e não vê a mudança acontecer.

Eu conheço o olhar da mulher cansada.

É como se eu pegasse nas mãos delas para atravessar a ponte e, do outro lado, não existisse mais os sonhos da juventude, os planos do futuro.

Primeiro, a mulher precisa de coragem para largar o casamento tóxico. Esse não tem jeito. Depois, precisa enfrentar os desafios sozinha, se ver só voltando para casa, dormir sem estar ao lado de quem ama, olhar as fotos no porta-retratos e imaginar que um dia existia uma história que era um sonho.

Sim, eu acompanho todos os dias as mulheres que passam por esses dias negros, dias que parecem não ter fim e cor.

Quem é essa mulher incrível que está encoberta?

Quem é essa mulher que chora sozinha no chuveiro e não quer demonstrar para os filhos seus maiores pesadelos e a dor de assumir que está cansada?

Essa mulher é incrível. Repara como ela pensa, se cuida, ajeita o cabelo, sua postura, ela é uma parte do criador.

Nada que ela procura está no outro ou fora dela. Acontece que a mulher cansada está perdida, está um fantasma, sem vida, sem cor.

Tudo está dentro dela, como uma água limpa que purifica sua alma e renova seus passos.

Mulheres nuas de amor, largadas ao vento, sem dinheiro no banco, só com a cara e a coragem, segurando as mãos pequeninhas dos filhos menores, apenas acreditando, às vezes sem esperança e muitas com medo.

Uma pergunta que faz a mulher voltar os olhos para si é: o que você tem dito para você nesses dias sombrios?

Não só a comunicação falada, mas a não-verbal, aquela voz que aflige o tempo inteiro, como se fossem os batimentos cardíacos descontrolados dentro do coração.

Aquela voz ininterrupta que corre longe, ansiosa, faz voar os pensamentos e chega a construir altas muralhas.

Nunca esqueça, mulher, que você é corpo, espírito, emoção e razão.

Nesse momento, lembre-se de um dia que você se surpreendeu, supe-rou-se, fez além do que você imaginava. Cuidou por horas de um filho na madrugada chuvosa, esperando minuto a minuto a febre ceder, prestou assistência aos familiares, pediu de joelhos por uma benção, fez uma força danada para pagar uma dívida, aguentou firme para fazer uma dieta.

Então, sinta como você se tornou forte depois desse movimento. Tudo depende somente de você.

Certa vez, minha cliente estava desesperada com a entrega dos filhos para o pai nas férias de inverno no mês de julho. Eles iriam passar quinze dias na casa do pai, que morava 700 km de distância. Aquela mulher já não dormia mais, estava aflita, pensando na viagem, como eles iriam se comportar, na dor de ficar longe, na incerteza do cuidado da nova companheira.

Foram vários dias conversando para tentar achar o ponto de equilíbrio para aquela mãe. Fazê-la compreender que o pai é uma pessoa comum e boa que precisa estar próximo dos filhos. Com o pai, os filhos crescem felizes, sentem-se acolhidos.

O equilíbrio aqui se mantém em movimento, na magia de continuar a vida.

A relação parental é a única que não pode acabar.

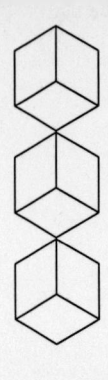

///// CONCORDAR COM O OUTRO DO JEITO QUE ELE É

Você aceita sua esposa(o) do jeito que ela(e) é?

Quando concordamos com nosso parceiro(a) do jeito que ele(a) tudo muda. O êxito ocorre, o casamento cresce porque a mulher respeita o homem e o homem respeita a mulher. Assim, existe confiança no que cada um soma na relação.

Para que um relacionamento cresça de verdade, é preciso concordar com o que o parceiro é, não como nós gostaríamos que ele fosse.

O desejo de mudar é uma porta para o divórcio. Querer que o marido mude é querer mudar todo um sistema familiar que existiu anteriormente e que não será apagado.

Toda concordância projeta alegria, confiança e amor. Tentar mudar a natureza do outro só adoece os integrantes da família.

É natural que fiquemos cansadas quando o outro não corresponde nossas expectativas. Quando as coisas não fluem conforme queremos, temos vontade de sumir, terminar a relação, mas esse não é o melhor caminho.

Primeiro, temos que ter em mente que precisamos lidar com o tempo, o medo e a paciência. Construir uma família exige paciência. O amor necessita de paciência. Nós mulheres precisamos de calma, respirar fundo e sempre estar com os pés no chão.

Existe uma verdade válida e clara. Os movimentos do amor e da cura não se dão com afobação, pressa, cansaço e rapidez. Exige tempo, espera e paciência.

Aqui você inclui o destino seu e do outro, sendo ele trágico, difícil, inexplicável, limpo, seguro e harmonioso. Encarar a realidade com os olhos abertos.

Marido grosseiro, áspero, silencioso, calado, afastado, deitado, muitas vezes, refletem dores da alma e que nada tem a ver com a mulher. Sobrecarga da infância, abandono dos pais, dores emocionais, tristezas, são exemplos que fazem com que a relação fique desgastada e contagia o ambiente.

Saber sentir e esperar os movimentos do amor e compreender as dores da alma são movimentos para reconectar o casal, sendo que um aceita o outro do jeito que é.

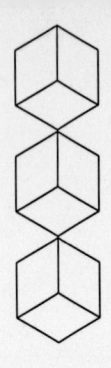

///// RECONEXÃO É A BASE DE TUDO.

A nossa relação com os pais pode influenciar no nosso fracasso ou nosso sucesso na vida profissional, familiar e interpessoal.

Os nossos pais são seres comuns iguais a nós, eles não são perfeitos, também tiveram seus medos, traumas, uma infância cheia de sonhos, sonhos não vividos, mágoas, rejeições, dores, abandono, ou seja, um lado adoecido e outro saudável.

Temos que tomar os pais para ficar grande diante da vida. É assim que uma menina vira mulher e um menino vira homem.

A maioria das birras que os adultos fazem já não faz mais sentido. Precisamos voltar e nos reconectar com os pais e assumir nossas responsabilidades diante da vida.

Vejo vários homens com filhos grandes que são ainda meninos. Vejo várias mulheres ainda meninas.

Pais, mães, adultos desconectados com os próprios pais.

Mães solos que, muitas vezes, querem fazer tudo pelos filhos tentando substituir a figura paterna, negando a figura do pai, o que no futuro vai gerar mais problemas ainda.

Quando nos conectamos com os pais, transbordamos amor, conseguimos ser felizes com coisas pequenas e rotineiras. Já não batemos mais os pés, assumimos nossas culpas, ficamos mais humildes, sentimos mais segurança e deixamos de ser espectro.

As pessoas que questionam a vida como ela é, estão desconectadas do real sentido da vida.

Não adianta abrir a mala do marido se não abrirmos a nossa mala primeiro. Parar de querer transformar o outro, para preencher nossas faltas da infância.

Nem esposa, muito menos marido, irá preencher a lacuna do outro. O grave erro é esse, achar que nosso companheiro preenche uma lacuna vazia da infância ou dos relacionamentos anteriores.

Mas, você deve estar se perguntando, o que significa essa reconexão com os pais?

Significa reconhecer verdadeiramente tudo o que eles fizeram, da forma que foi, do jeito que eles se expressaram, se moveram, suas decisões, seus defeitos e planos.

Aceitar o passado como ele foi, sem críticas.

Dizer um "muito obrigado" aos pais, agradecer pela vida, fazer uma pequena reverência, e talvez colocar a imagem deles dentro de um porta-retratos na sala, e olhar às vezes e dizer aos filhos: está vendo lá, aqueles são teus avós, "eles são maravilhosos".

Assim, o amor flui dos pais para os filhos, de uma geração para outra.

Todos nós temos um lado saudável e um lado doente. Tudo na vida tem dois lados com vários caminhos e o livre-arbítrio para decidir para aonde ir.

Assim é a vida, assim são os sentimentos. Precisamos senti-los e compreender nossas necessidades. A autocompaixão que faz com que adentramos no fundo das nossas emoções e perceber o que nossa alma pede. Por isso, tudo que é ruim também tem o lado bom, porque assim nos conhecemos, sabemos distinguir onde dói, onde precisa ser olhado, investigado. Às vezes, os sentimentos ficam visíveis no calor da emoção, das discussões, outras somente com o distanciamento, no silencio, na meditação. Saber da existência dos dois lados é ter a sabedoria para aprender com cada momento.

Os dias ruins, as tragédias, as perdas, o sofrimento, a incompreensão, a raiva, a injustiça, as acusações, o medo, o desamor, as carências, as feridas, enfim, todos os obstáculos funcionam como um alarme para o corpo e precisam serem ouvidos, olhados, abraçados, tanto maior for o incômodo.

A expressão popular "se a vida te der um limão, faça uma limonada" é conhecida por muitos como uma filosofia para superar as adversidades da vida. Além de falar que o sofrimento faz crescer e evoluir.

A vida não traz as coisas ou momentos de graça para dar lições ou para promover o crescimento, as coisas simplesmente acontecem como precisam acontecer.

O que muda é nossa postura: é possível se lamentar e ficar só nisso, mas é possível se lamentar e tirar algum aprendizado daquilo tudo e crescer.

Na realidade temos duas opções: se apegar a dor do que nossos pais fizeram que nos desagradaram, ou parar de julgá-los e ver eles como seres humanos comum, aptos a errar como nós erramos.

Reconexão é como ligar a geladeira na tomada. A geladeira só funciona se conectar o fio na tomada.

Nos só fluímos na vida se nos conectarmos com nossos pais, nossa energia vital.

Quando digo conexão, não estou falando em apego, pois quem se apega não se desprende. Tomar é agradecer tudo como foi e se virar para frente e seguir a vida.

Algumas pessoas têm apego e isso também é ruim para o relacionamento, pois o homem muito apegado a mãe (filhinho da mamãe) deixa de valorizar sua esposa, pois tem como modelo de mulher a mãe. Da mesma forma acontece com a mulher muito apegada ao pai, sendo quase impossível admirar seu homem, pois tem o modelo de pai como insubstituível.

Talvez você esteja indisponível para o seu casamento porque você está apegada demais no seu sistema familiar. Assim, é muito importante agradecer a família de origem e olhar para a família constituída que tem preferência.

UM SEGREDO

O grande segredo dentro de um relacionamento não é o amor, e sim o equilíbrio entre o dar e o receber.

A lei do equilíbrio é uma lei natural, independe se você acredita ou não, estudou ou não, sabe ou não. Ela vai atuar diariamente no seu relacionamento e quando menos você espera, ela vai dar o ar da graça.

Saber dosar a entrega e aceitar o que lhe dão é fundamental. A lei do dar e receber atua invisivelmente e direciona para o sucesso ou fracasso a relação.

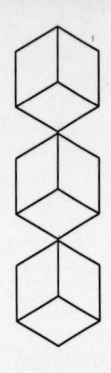

CAMPOS MORFOGENÉTICOS

Rupert Scheldrake, biólogo inglês, estudou Ciências Naturais no Clare College da Universidade de Cambridge, onde anos mais tarde ele obteve o seu doutorado em bioquímica e biologia celular criando a teoria dos campos morfogênicos, que ajuda a compreender como os organismos adotam as suas formas e comportamentos característicos.

Para esse biólogo, todos os organismos vivos possuem campos invisíveis de energia que contornam os corpos – como se fossem memórias.

Os campos morfogenéticos, ou campos mórficos, são campos de forma; campos padrões ou estruturas de ordem. Estes campos organizam não só os campos de organismos vivos, mas também de cristais e moléculas.

Para Sheldrake, os organismos vivos não herdam apenas os genes, mas também os campos mórficos. Os genes são recebidos materialmente dos antepassados, e permitem elaborar certos tipos de moléculas proteicas; os campos mórficos são herdados de um modo não-material, por meio da ressonância mórfica, não somente dos antepassados diretos, mas também dos demais membros da espécie.

Portanto, os seres vivos têm habilidades especiais como: sentir o que o outro sente, uma verdadeira empatia ao próximo, através dos neurônios espelhos. Isso demonstra o porquê que enchemos os olhos de lágrimas ao ver alguém chorar, assim nos conectamos com as emoções do outro.

O fato de nos conectarmos com o outro gera a empatia em saber sentir, compreender o que outra pessoa está passando e vivendo. Rupert Sheldrake traz um exemplo de como uma conduta do passado pode afetar comportamentos futuros dentro do mesmo núcleo familiar, é o caso do integrante que é expulso e afastado do vínculo da família por praticar um crime e a família o rejeita por desrespeitar a honra do grupo. Este tipo de exclusão afeta o campo mórfico familiar de tal maneira que, posteriormente, esse comportamento se repete por outro membro do grupo.

Assim, as pessoas buscam respostas para os problemas atuais, acreditando que tudo tem a ver com a situação do hoje, quando na verdade, muitas das situações dizem respeito ao que não foi resolvido no passado pelo indivíduo ou grupo familiar.

Toda família tem pendências, como também todo indivíduo deixa lacunas mal resolvidas, tudo precisa ser identificado para se encontrar uma boa solução. Somente quando isso ocorre é que as gerações presentes e futuras ficam bem, mais livres para fazer algo bom e diferente.

Identificar essas lacunas, os desencontros, hábitos negativos, decisões contraditórias, para ressignificar os comportamentos negativos que temos dentro da relação de casal a fim de transmitir para as futuras gerações uma nova forma de pensar e de agir e de quebra reorganizar toda nossa trajetória no presente e poder colher bons frutos no nosso casamento.

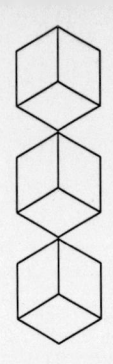

/////
TOMAR OS PAIS

Eu não estou falando só de respeitar. Tomar os pais é aceitar tudo como foi e como é.

Cada pedacinho deles, cada gesto e cada olhar.

Assim, o coração transborda com amor, consegue ser feliz com coisas pequenas e rotineiras. A gente para de bater o pé e fazer birra.

Ficamos na humildade, não dependemos de saltos grandes para se realizar emocional e profissionalmente. Sentimo-nos vivo, com força total para gerir a vida e tomar grandes decisões.

Tomar os pais como eles foram é um processo biológico completo e profundo. Esse processo exige muito do corpo e dos sentimentos.

Quando mergulhamos nos nossos sentimentos, devemos saber que vamos encontrar flores e espinhos e alguns sentimentos até ameaçadores, mas o certo é que só assim para liberarmos aos poucos as dores, os traumas, as feridas, e medos internos e externos.

A recompensa desse movimento é uma vida plena. Aceitar com alegria o que a vida nos trouxe. Depois seguir com grandeza e força, compreendendo que a vida nos devolve somente aquilo que plantamos.

A felicidade é nosso estado natural quando não estamos distraídos procurando por ela.

Aceitar os nossos pais é um meio de amar a realidade, de observar nossas dificuldades como oportunidades e, ainda, abraçar a nossa alma familiar de uma forma natural e respeitosa.

MULHER ABANDONE AS CRENÇAS LIMITANTES

As crenças limitantes nos travam, tiram nossas possibilidades de crescer.

Limitar nossas possibilidades é como se tivesse algo dentro de nós dizendo: você não serve, você é lenta, você não vai dar conta, isso não é para você, etc.

Todas as crenças limitantes fecham oportunidades, sugam nossa vida, nosso potencial, congelam nossa existência, nos impossibilita de acessar grandes oportunidades, de abraçar desafios, de se autodescobrir, viramos um produto engarrafado, engessado, porque as crenças limitantes são como vampiros da nossa vida.

De outra banda, as crenças expansivas, nos fazem voar, buscar, se entregar confiar, sentir ventos diferentes, emoções novas, despertam nossa criatividade, nos fazem crescer espiritual, emocional e profissionalmente.

Sabemos que a nossa única limitação do corpo real é a morte. Essa é um exemplo de limitação natural, mas nem por isso deixa de ser limitante no seu todo, pois a vida continua e segue sempre para outras novas possibilidades.

Como criar crenças expansivas?

Ter iniciativa, expandir possibilidades, deixar-se acessar o novo, sentir que podemos criar chaves, construir pontes, basta acreditar em nossos talentos natos, sempre os bons exemplos vão ser disseminados, temos como exemplo o mestre Jesus.

E por outro lado, podemos combater as crenças limitantes. Arquimedes, físico e matemático, dizia: *"deixe-me um ponto de apoio para poder mover o mundo"*. O ponto de apoio? A liberdade.

Podemos renovar e expandir nossas crenças limitantes todos os momentos, basta agirmos, estarmos em movimento e posição de aprendiz perante a vida.

As crenças expansivas têm chão firme para nos impulsionar, ao contrário das crenças limitantes, que não tem base sólida, se afundam, o que não nos predispõe ao crescimento.

Aprender mais, cada dia mais para nos fazer crescer, assim como os grandes homens da história, construindo ideias, modificando pensamentos, fazendo a diferença.

Um único ser humano pode mudar o mundo, a exemplo do fogo que tem o poder de se multiplicar e nunca diminuir sua fonte.

Mantenha acessa sua chama humana, se você, mulher, tem luz, nunca estará sozinha, independentemente em qual caminho trilhar.

Transforme sua vida onde você estiver e com quem estiver. Não dependa do outro para se mover para o mais, faça irradiar a sua força feminina.

RELACIONAMENTO TÓXICO

As relações atuais estão sendo prejudicadas por muitos fatores, principalmente por questões relacionadas ao modo de lidar com o parceiro. Assim, o relacionamento tóxico é cada vez mais comum e problemático

O relacionamento tóxico é o desejo de controlar a companheira(o), de tê-la(o) apenas para si.

Esse comportamento surge aos poucos e a pessoa acha que é saudável ser assim. Porém, quando se dá conta, ela está completamente doente, envolta em uma bolha que não sabe como sair e também não quer sair.

Ao mesmo tempo que essa bolha sufoca, ela serve de muleta.

Com isso, a pessoa afetada se afunda no relacionamento tóxico, enquanto a pessoa tóxica abusa cada dia mais.

A vítima, por medo de ficar sozinha, por falta de amor próprio, por medo de perder a família, pela sensação de impotência, por achar que amanhã vai ser diferente, por lutar com todas as forças para ser diferente, não toma uma atitude para se livrar disso, principalmente por conta dos abusos psicológicos suportados.

A mulher dentro do relacionamento tóxico fica ingênua e busca o que cria na cabeça e acaba sendo fisgada pelo predador.

No ambiente abusivo, você vai encontrar ameaças: "se você fizer isso, eu faço aquilo; se você não ir naquele lugar, eu deixo de; são palavras de homens educados por pais ameaçadores. Você irá encontrar: chantagens: "se você ser assim, eu vou ser desse jeito;" "só vou ser bom se você se comportar bem"; colocar o outro em lugar de dúvida o tempo todo. E também você irá encontrar: manipulação: "se você fizer isso, eu te entrego aquilo", "se você me ajudar eu deixo isso", vem sempre através de algo bom para conseguir aquilo que ele quer.

Abaixo vou arrolar alguns pontos que podem sinalizar um relacionamento tóxico:

- Desvalorizar o outro;
- Ofender;
- Não respeitar as necessidades do outro;
- Não prestar atenção ao contrato e regras criadas na relação familiar;
- Ações egoístas e impensadas;
- Atitudes grosseiras e mesquinhas;
- Tirar a razão e criar brigas sem motivos;
- Manipular o parceiro e não deixar que ele tenha vontade própria;
- Proibir de usar certos tipos de roupa;
- Proibir de sair com os amigos (as);
- Obrigar o parceiro a diminuir o contato com a família;
- Oprimir o parceiro, colocando ele em posição inferior na relação;
- Fazer competição com os filhos para mostrar que o parceiro (a) é inferior, que não é amado pelos filhos;
- Praticar atos de rejeição, isolando o companheiro(a) nas decisões da família;
- Caçoar da roupa, das escolhas, dos gostos;
- Rebaixar o outro até o ponto de o mesmo sentir fracassado, impossibilitado, tanto como genitor como profissionalmente;

Importante destacarmos aqui que as mães têm nas mãos a base da educação do patriarcado, ou seja, elas contribuem na formação da psique dos meninos. Então é muito importante, questionar, qual é a masculinidade que você está desenvolvendo no seu menino: a masculinidade opressora que não deixa conviver com o pai, mãe sendo pãe, onde no futuro esse menino não vai desenvolver a masculinidade, ou a masculinidade bebezinho da mamãe, onde você faz tudo por ele e quando ele casa vai procurar na esposa uma mãe.

É muito difícil entender e aceitar que se está em um relacionamento abusivo. Assim, para uma pessoa conseguir se livrar de pessoas tóxicas, que apenas querem sugar a energia do outro, ela deve em primeiro lugar ter o amor próprio. Além disso, deve ter respeito por si, encontrar um foco e um objetivo de vida.

UM OLHAR PARA SEU HOMEM

Enquanto você, mulher, olhar para seu homem como um menino, não o respeitando como homem inteiro, não terá como prosperar o relacionamento. Porque nenhum homem quer casar com a mãe.

A mulher precisa entender a consciência do paradigma materno, sair da hierarquia, pois relação de casal não tem hierarquia, é uma relação de cooperação e respeito, com muito equilibro no dar e receber, quando respeitar isso, a cura vai chegar.

O problema todo é colocar em prática essa teoria, pois não depende só da mulher esse movimento.

Como o amor de casal é um ecossistema, temos que começar a fazer a mudança para que o outro siga a corrente, isso é um processo lento, mas restaurador.

No início da revolução industrial, tivemos uma geração maternal, o homem foi trabalhar e a mulher ficou cuidando da prole e da casa, então o homem se apegou ao financeiro e a mulher-mãe fez tudo por ele.

Quando você manda ele lavar a louça e ele dá um jeito de escapar da responsabilidade, na cabeça dele está vendo a mãe pedir, fazer exigências, impor regras. Acontece que o trabalho no lar por muito tempo foi da mulher, e colocar o homem para assumir esse papel vai demandar tempo e paciência. Não é da noite para o dia que seu marido vai começar a ajudar você no trabalho doméstico, isso é uma questão de despertar e não imposição. Por outro lado, quando acontece uma discussão no relacionamento e você corre pedir ajuda para a mãe, isso revela a sua imaturidade, sua incapacidade de resolver sua vida.

Você arruma a mala do seu marido quando ele vai viajar? Isso é serviço de mãe. Você pode, talvez, pedir se ele quer ajuda, se ele disser não, respeite e aguarda. Cada um é adulto dentro da relação, e nós mulheres, por muito tempo, assumimos todo o papel, praticamente trocamos os comandos com a mãe dele.

Se você quer um homem no lar, precisa ser cooperadora e se libertar das crenças limitantes para desenvolver o feminino. Impor, exigir, reclamar e brigar não vai levar a lugar nenhum, só representa um feminino fraco e um masculino ultrapassando os limites. Cada um precisa assumir seu papel. Se ambos sujam a casa, ambos precisam limpar. Se cada vez que ele largar a roupa suja nos cantos nós, mulheres, corrermos para recolher, isso vai se tornar uma prática constante, e eles vão se beneficiar. Experimenta deixar no canto as roupas dele para ver se em dois dias ele não ajuda limpar. Ou talvez, se não ajudar de imediato, algo vai começar a mudar em seu pensamento.

O certo é que, por muito tempo, aceitamos situações e, agora, não adianta querer que ocorram mudanças repentinas. Tudo é uma questão de conversa, posicionamento e limites.

Encontre outras mulheres, troque ideias, viaje com as amigas, tenha amizades femininas, só assim você vai desenvolver o seu feminino, quem sabe até ousar em usar mais saias. Que tal?

ARMISTÍCIO

Chegou a hora de cessar fogo. Sabe aquela música, de Tom Jobim: *"quando a luz dos olhos meus e a luz dos olhos teus resolvem se encontrar, aí que bom que é isso aí meu Deus"* ela retrata que o relacionamento de casal é muito mais desafio que felicidade.

Às vezes, é necessária uma pausa.

Temos que ter a consciência e a liberdade para a pausa. Um verdadeiro cessar fogo.

Cria-se um espaço saudável no casal, como se fosse um elástico. Quando o elástico estica, se revela algo maior.

A distância é importante, desde que dosada.

Eu te vejo e te reconheço. A força que leva para um lugar novo é a confiança. Sempre que colocamos o foco no outro fugimos da nossa própria dor, a dor do abandono.

Temos que se preparar para o relacionamento que vai chegar, trabalhar dentro de si. Antes de encontrar "eu quero", preciso oferecer algo, se colocar à serviço.

Tudo é um jogo de dar e receber. Quem muito dá, afasta o outro, pelo fato de que ele fica descompassado e sente-se diminuído por não poder retribuir pelo que recebe. Quem quer receber muito sufoca a relação, por querer receber mais do que contribui.

O relacionamento é uma escola de conhecimento. É preciso alimentar a relação, mas também nutrir-se dela. Assim, ambos se abastecem.

Às vezes se fala demais e não se transmite o necessário. Olhar sempre a transgeracionalidade atrás de nós e compreender o caminho que estamos levando é um bom caminho para ampliarmos nossa visão e fazer uma autoanálise das nossas atitudes.

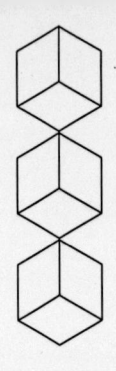

///// CASAMENTOS TERMINADOS DE FORMA LEVIANA.

Quando um casamento é terminado de forma leviana, pode levar um filho a fazer o movimento e tomar o lugar daquele que foi excluído da relação de forma repentina e covarde.

Vários são os casos que o homem deixou a mulher por situações levianas, sem justificativas, equívocos, por não desapegar da vida de solteiro, da juventude e os filhos assumiram o lugar dentro do lar, suportando o peso da falta do pai ou sofrendo os abalos emocionais sentidos pela mulher.

"Eu no seu lugar mamãe!", essa é a frase interna de um filho que sente sua mãe sofrer pelo término leviano.

Quem for o autor do término leviano fica preso parcialmente ao parceiro, como se tivesse uma dívida não paga. Podemos citar aqui, como exemplo, o homem que maltrata muito a mulher e depois separa-se, sem motivos, na maior parte dos casos esse homem adoece gravemente com o passar dos anos como forma de expiação daquela dor que causou.

O marido que recebe muito na relação do casamento vai embora da relação sem maiores justificativas, até para fazer o término ele fica constrangido. Ele sai indigno, sem respostas, sem rumo, pois não compreende como deixou uma mulher tão presente e dedicada.

Alguém que dá tantas coisas grandes e boas, que não consigo retribuir. Isso é realmente difícil de suportar. Então, me volto contra o doador e suas dádivas, presentes, ajuda de custos, pagamento de faculdade, cursos, ficando extremamente furioso e zangado. Essa raiva se manifesta como uma recriminação por ter recebido muito, ela é substituta do receber, do tomar, do agir, paralisando e esvaziando a pessoa, ou pode se manifestar com uma depressão profunda que é o oposto da recriminação.

Assim, quando um dos parceiros se separa levianamente, alguém vai pagar. Por isso, é importante cada um assumir sua culpa dentro do relacionamento de casal, e os filhos saibam que os pais assumem isso, portanto eles ficam livre para serem crianças e viverem suas histórias.

Amar é aceitar o outro como ele é. É querer estar perto para aprender. É troca, crescimento, auxílio. Compartilhar uma vida.

Casamento é respeito, cumplicidade e fidelidade. O casamento traz algo de muito sagrado, mas, ao mesmo tempo, é a união de duas potencialidades e de duas carências, porque todos nós temos nossas partes não amadas, incompreendidas, escuras.

Muitos casais iniciam uma relação como se fossem sócios de um clube, onde se pode entrar e sair à vontade. Isso não funciona assim. Quem entra fica vinculado e não consegue sair sem dor e sem culpa. Pelo tamanho da dor e pela culpa sentida, percebe-se a força do vínculo entre o casal. Muitas vezes esse vínculo não termina, mesmo após a separação.

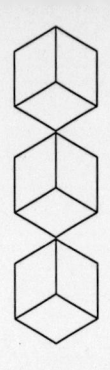

QUANDO AS DECEPÇÕES COMEÇAM?

As decepções começam cedo no relacionamento e precisamos aprender a lidar com elas.

Podemos considerar que houve uma decepção quando há uma diferença entre aquilo que esperávamos e aquilo que realmente aconteceu, seja algo que envolve outras pessoas ou somente nós mesmos.

O melhor é tentar fazer da decepção um fator que motive alguma ação que nos permita crescer, avançar rumo ao nosso objetivo, questionar e encarar a realidade como ela é.

A decepção é muito similar à frustração, que também precisa ser experimentada de forma a promover o aprendizado e o crescimento.

As decepções começam já no namoro. Porque nós mulheres fazemos de tudo, damos presentes, organizamos passeios, criamos ilusões e se decepcionamos se não recebemos à medida. Ocorre que nunca paramos para pensar se aquele homem consegue retribuir aquilo que desejamos e aspiramos, talvez ele seja fechado, tenha medo, não saiba amar, e seja simplesmente o jeito dele.

Se não doutrinarmos nossas ilusões elas irão virar crises.

Quando temos ideias equivocadas do outro, exigimos demais do nosso parceiro, e isso vai fazendo com que a relação adoeça crescentemente, porque nenhum relacionamento é campo de flores e as expectativas do início do casamento morrem com o passar do tempo.

Casamento é rotina, convivência, despedida da juventude, lugar de servir e não ser servido.

Os homens têm medo, muitas vezes, de virar chefe de família, porque molda seus limites, amplia as responsabilidades, portanto, a forma como é trazido para a relação essa responsabilidade pode gerar danos desastrosos.

Passado o primeiro momento da descoberta que, por vezes, dura anos, de repente nos deparamos com a possibilidade que este novo mundo – agora não tão novo assim – possa oferecer algo um pouco além do que estamos acostumados na nossa família de origem.

Antes éramos servidos e agora temos que servir, amparar, resolver, nos doar e muitas vezes nos decepcionar.

Criamos imagens, fantasias, ilusões do que será um relacionamento de casal, e, com o tempo, sentimos e vivenciamos um relacionamento normal, comum, cheio de dificuldades e ainda ficamos com os olhos presos naquilo que sonhávamos.

Há uma possibilidade de um vínculo profundo com quem amamos, e ao qual todos um dia desejamos. E que também nos amedronta e desafia. Um lugar que promete tesouros, ao mesmo tempo que exige nosso comprometimento quase incondicional.

Um lugar de sérias brincadeiras para que possa evoluir e dar certo.

Há algo especial neste movimento que junta pessoas desconhecidas, porém com algo em comum. Há um mistério do qual todos participamos.

O mistério do amor e da partilha. O mistério de fazer jorrar aquilo que dá vida.

Neste lugar há também algo do nosso ser que fareja nossas atrações e também nossas repulsas. Coisas sob as quais nem sempre estamos cientes, embora percebemos seus efeitos com clareza.

E com todas estas informações, seguimos procurando por algo que, como humanos, desejamos profundamente: amar e sermos amados, em plena confiança.

A crise no relacionamento é quando tem um amontoado de decepções guardadas e não liberadas. E pode ter certeza que elas vão começar a explodir de uma hora para outra, como se fosse uma avalanche e, de repente, estacionam, viram silêncio, depois voltam a fervorar com mais energia ainda, dando sinais que ambos não vão suportar o calor das emoções e começam se distanciar.

Precisamos aprender definitivamente que casamento é coisa séria. É para gente grande que assume suas responsabilidades.

Vou trazer agora uma verdade bem inconveniente, o casamento verdadeiro é denso, não é lugar para tirar férias, para crianças, tem peso e responsabilidade, por isso, que muitos fogem.

O casamento pede para você sair da postura de menina e menino e vir para a posição de mulher e homem.

O amor, de certa forma, faz a gente crescer.

Nós crescemos tanto no relacionamento de casal, porque nos despedimos da juventude e da irresponsabilidade.

É no relacionamento de casal que nos despedimos das ilusões da juventude, das facilidades da vida.

O casamento nos molda, começamos a ter limites, saber das consequências, cuidar dos filhos, não podemos sair, curtir uma balada e dormir no outro dia até mais tarde, pois tem outros interesses, tem filhos para cuidar, trabalho para entregar.

O relacionamento de casal nos amplia, faz crescer os horizontes, fomentamos a família, a criação dos filhos, a nossa evolução pessoal, construímos projetos, nos tornamos adultos, mostra pontos de vistas diferentes, faz nascer coisas essenciais.

Eu me despeço de algumas ilusões e me transformo em uma verdadeira mulher, nunca mais seremos os mesmos, porque vamos precisar cumprir nosso papel e função na vida de casal.

Em contrapartida, nos sentimos culpadas por não dar conta de tudo, temos perdas com a nossa liberdade, perdemos aspectos do nosso sistema familiar, temos que ajustar os nossos valores trazidos da família de origem.

Então é bom se perguntar:

Quais as ilusões que ainda tenho?

O que está ampliando dentro de mim para eu estar casada?

Quais os meus limites que estou respeitando?

Assim, não se preocupe, as decepções começam precocemente e de maneira inconsciente. Você deixou tudo dentro da lixeira emocional e não limpou a lixeira.

A crise começa com uma coleção de decepções guardadas por muitos anos, sendo que uma pequena discussão já é motivo de estrago na relação.

Não se espante, todo mundo está tentando fazer dar certo. Relacionamento é algo difícil.

Casamento não é férias. É coisa para gente grande. Sei que você já teve vontade de jogar tudo, fazer as malas e ir embora. Calma, você só está sendo desafiada a crescer, sair da postura de menina(o) e virar gente grande, respira fundo e experencie a profundidade de um casamento.

A primeira coisa que o amor verdadeiro irá fazer é você crescer.

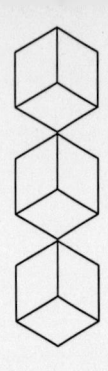

///// PORQUE É MAIS FÁCIL PARA UNS DO QUE PARA OUTROS.

Tudo vai depender do seu ponto de vista e das exigências que você tem dentro de si. Qual são as crenças que você alimenta no seu interior.

O que você permite e o que te tira do sério em um relacionamento tem a ver com todas emoções e dores que você já passou, com os exemplos recebidos, com o que você vivenciou, viu os pais fazerem.

Como você lida com as situações dentro do relacionamento de casal pode resultar em consequências diferentes para cada pessoa.

Quero dizer também que a ordem nas famílias e as consequências que suportamos implica que, depois de algum tempo, tudo que passou tem o direito de ser passado. Isso é extremamente importante. Exemplo: o que passou na geração da sua avó não precisa ocorrer novamente. Aquilo fica no passado. Tudo deve obedecer a lei da impermanência, e nós a reconhecemos e honramos, assim, as coisas precisam ser transitórias e passadas.

Por exemplo, duas mulheres e dois maridos com a mesma postura. Uma mulher recebe a postura do marido, de forma tranquila, a outra interpreta o jeito de ser do homem de forma ineficiente.

O mais importante aqui é o que tem mais haver com as minhas ilusões e ideais que eu construí no meu interior, do que na forma com que os maridos agem. Exemplo: ambos maridos não ajudam nas tarefas domésticas, enquanto para uma mulher aquilo é uma afronta, uma falta de respeito e gera uma discussão todos os dias, para outra não importa, porque ele traz o alimento, ajuda cuidar dos filhos e desempenha outras tarefas que compensam.

Assim, a forma com que nossos maridos agem tem muito mais a ver com o que pensamos e sentimos do que a forma dele agir propriamente dita.

Você precisa ajudar o seu marido a se melhorar para poder conduzi-lo ao que é importante para você.

O leve ou pesado depende do seu sistema de origem, da forma que você foi criada e do seu tamanho na relação.

Como você se porta dentro do casamento? Como grande ou pequena.

Quanto mais menina você estiver mais pesado e mais ilusão você vai criar.

Esteja com a postura de grande no relacionamento, limpe suas lixeiras e se posicione sempre.

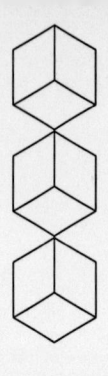

Mulher, não subestime a sua capacidade de se autossabotar e de se vitimizar.

Nós nos levamos para a escuridão em um toque de mágica. Perdemos nossa conexão com o Divino que habita em nós bem rapidinho.

Olhamos para o mundo e nos sentimos vítimas em questão de segundos, basta que alguém fale algo que nos desagrade, ou talvez que contrarie nossos pensamentos.

O maior vilão da nossa saúde integral é ficar lá no lugar de vítimas, esperando que o outro faça a mudança.

Sabe aquela música, da Marília Mendonça: "*se ele não te quer superá*", pois então, se alguém te faz um mal supera, não foge da luta, não remoa, não se sinta pequena diante das dificuldades.

Sempre digo para minhas clientes que tudo resolve quando amanhece. Você já se deu conta como nossos dilemas e problemas são bichos bravos de noite, quer ver acordar lá pelas três horas da madrugada, nossa parece que o problema toma forma imensa e ultrapassa as paredes do quarto.

Suporta, você é adulta, não te coloca na condição de espectro, seja protagonista, mesmo que doa muito

Assume que você é grande, que você vai dar conta e olhe para o futuro.

Sabe, vou contar mais uma história das minhas clientes, no fundo eu sei que você gosta.

Certa vez recebi minha cliente antiga, ela veio conversar comigo e, conversa vai e vem, ela disse: "você lembra o trapo que eu estava em 2013, olha para mim hoje, paguei todas as contas, o financiamento, comprei uma casa, e estou indo viajar para o Chile, veja só, vou ficar uns 15 dias., isso a 10 anos atrás eu nem sonhava porque era quase impossível".

Puxa vida, fiquei naquela nostalgia com ela, acompanhei as suas lutas e dores. Na época ela foi trocada por uma mulher uns 15 anos mais jovem, isso dói muito.

Tem outra frase que ela disse: "*O homem enquanto não tem posses e bens precisa da mulher, busca estar do lado, quer sua ajuda, depois que ele atinge um padrão econômico ele não precisa mais e te descarta, como uma casca de banana.*"

O movimento de vitimização é aquele que você olha para o mundo e se sente vítima. Por que comigo? Por que escolhi esse homem? Por que ele não me valoriza?

Quando adentramos no espaço destes relacionamentos, e investimos neles, muitas vezes nos vemos perdidas em sentimentos confusos, que parecem jogar contra nossa felicidade quando algo acontece diferente do que planejamos.

Por que dói tanto quando desejo e me dedico à felicidade? Por que, mesmo com toda minha boa intenção, o que desejo não se materializa?

O amor é complexo e sua manifestação nos relacionamentos também.

Todos estamos tentando fazer o nosso melhor, não de uma forma egoísta, mas por ser desta forma que nossa bússola interna se orienta. Esta é a linguagem que compreendemos em nosso interior.

E, muitas vezes, o que nos move internamente é a defesa de um afeto interrompido, que imprime em nosso ser o medo de passar novamente pela ocasião onde uma dor aconteceu.

Outras vezes, o que nos move são histórias que ouvimos quando crianças, ou que vivenciamos a partir dos nossos pais.

São muitas as lembranças que carregamos no corpo, impressas em nossa emoção, em relação aos nossos afetos. E eles nos acompanham diariamente, mesmo sem termos consciência disto.

Portanto, se responsabilizar ao entrar em um casamento é o ponto inicial e crucial para que no futuro as coisas não saiam diferente do planejado.

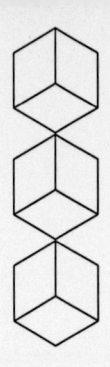

FASES DO CASAMENTO

O amor é uma energia que precisa de ordem para acontecer, esse é o lema principal.

A paz dentro do relacionamento pode nascer desde que exista respeito entre os cônjuges ou companheiros.

A única coisa que precisa ser igual é o propósito, sem esse, o casal não tem chances de continuar juntos e buscar um futuro promissor. Ser diferente é natural, bonito e necessário, porque são nas diferenças que o casal evolui como ser humano e esse é o propósito da existência humana. Evoluir. Só evoluímos com o outro, inserido no outro, através dos relacionamentos, não só na vida de casal, mas também na profissional, na escola, na sociedade, nas cooperativas, nos grupos de amigos, etc.

Muitas brigas que ocorrem dentro do lar são por lealdades familiares e, quando menos esperamos, já estamos mergulhados em discussões, reclamações, reinvindicações que, muitas vezes, nem são importantes.

Todo casal passa por fases, portanto o relacionamento de casal não é linear. Conhecer essas fases te ajudará a passar com mais tranquilidade cada uma.

O primeiro ponto é ser solidificado é que ambos precisam ficar com os pés na realidade e sair da fantasia.

Primeiro vem a fase da idealização, onde projetamos uma fantasia, uma ideia do que queremos. Tudo isso é influenciado pelos contos, histórias infantis, ideais construídos pela sociedade, pela localidade, pelos encantos culturais.

Depois vem a fase da paixão onde o homem e a mulher projetam no companheiro(a) as carências afetivas trazidas do lar original. A pessoa acha que encontrou o que faltava, é como se falasse: "finalmente encontrei a minha mãe".

Aqui a pessoa vê o outro como substituto da mãe ou do pai, reativando as necessidades infantis: "pega minha tolha", "compra meu remédio".

Isso é um verdadeiro engano, porque necessitamos de um homem e de uma mulher, e não de pais.

O parceiro só pode dar aquilo que um homem pode dar. Não pode dar o que um pai iria dar e, assim, a recíproca é verdadeira. Uma mulher só pode dar ao seu parceiro o que compete a uma mulher dar e não uma mãe.

Sigmund Freud, em sua teoria sobre o complexo de Édipo, dizia que a semelhança física e a personalidade dos pais influem na escolha do parceiro a longo prazo.

Depois da paixão vem a rotina, e agora o relacionamento começa a ficar mais profundo. Aqui temos que abandonar a ilusão da paixão e aumentar o entusiasmo, a alegria, os momentos bons, o carinho.

Todo mundo quer pular a fase da rotina, mas isso é fantasia, pois é na rotina que o relacionamento cresce, onde podemos exercer o maior papel do casamento que é o servir. Dar aquilo que se tem e receber o que o outro tem para dar.

Nessa fase se separa os meninos dos homens e as meninas das mulheres.

Aqui podemos perceber quem vem grande para o relacionamento de casal. Quem está pequeno na relação de casal quer fugir, inventa desculpas, reclama para os amigos que a esposa é chata, ciumenta, quer jogar futebol mais vezes por semana, quer se encontrar com as amigas dia sim, dia não, e assim por diante.

Quem está pequeno no relacionamento de casal é birrento, ciumento, carente, faz exigências maternais, não se responsabiliza pelas condutas, pelas palavras, não tem compromisso com horários, não tem respeito, está sempre querendo sair e viver a vida de solteiro.

A pessoa precisa se despedir da vida de solteiro, da paixão e ir para rotina para tornar o relacionamento de casal duradouro, senão vai ficar sugando o parceiro(a) para servir o tempo todo.

Mas como deixar essa rotina mais leve?

Equilíbrio entre o dar e o receber, esse é o segredo. Sair da posição das exigências, da cobrança, dos comandos, do controle excessivo. O casal veio junto para a relação está no mesmo pé de hierarquia, não existe uma maior e outro menor, ambos chegaram juntos e precisam sentir a necessidade de cada um. Ambos precisam se respeitar e servir,

A última fase é a chega do filho. Aqui o casal vai perder a intimidade, mas vai ganhar com a profundidade.

Essa fase é um momento de perigo no relacionamento, a fase que mais acontecem as separações.

Geralmente o casal não sabe lidar, o principal erro é que o casal inverte a ordem do relacionamento, esquecem que o casal veio antes do filho e acabam desvalorizando e deixando de lado o companheiro. A mulher foca na maternidade e o homem fica "abandonado". O homem sente-se repelido de seu espaço e perde a confiança na esposa.

Importante é sabermos que todos temos altos e baixos na vida. Poucos serão os momentos de coincidência de fase boa, geralmente um está em boa fase e o outro em baixa ou ambos estão em fase baixa.

Quando ambos estão em boa fase, o casal precisa curtir e, quando ambos estão em baixa, precisa ligar o sinal de alerta.

Tudo é autoconhecimento para prevenção.

QUAIS SÃO AS PALAVRAS MÁGICAS NO RELACIONAMENTO DE CASAL?

A primeira palavra mágica diante do parceiro é a palavra SIM. "*Sim, eu tomo você do jeito que você é*".

Aceitar o outro com todas as diferenças e dificuldades é um movimento de força para o casamento, onde a esposa aceita o seu homem como ele é em sua integralidade.

O mais importante além de pronunciar o sim no momento do casamento é vivenciar essa palavra.

Então, o sim é poder tomar seu companheiro por inteiro, concordando com tudo o que ele(a) traz de sua família de origem, sem intenção de modificar nada. Ao querer alterar aquilo que ele(a) é, abre-se portas para grandes discussões.

Dizer SIM para todas as relações anteriores, colocar-se na ordem, depois delas, e olhar com gratidão são os primeiros passos do relacionamento saudável.

Se alguém de alguma relação anterior está sofrendo, precisa-se resolver esta "dívida" antes para estar livre para ir para outra relação, estar curado, se não sobrecarrega o sistema, ninguém pode ser feliz depois se não resolver primeiro o relacionamento anterior.

Um exemplo que sempre dou para minhas clientes é: realizar o termino de forma pacífica e bem completa para poder estar livre para a próxima relação.

Dessa forma, quem vai para outra relação vai mais maduro e mais acomodado. Olha com amor e gratidão para o que passou. Reconhecer que amou aquele tanto, aquele tempo, concordando com tudo que foi e deixar este relacionamento ir para outro nascer. O que se nega, "gruda", o que se exclui fica "bloqueando" o fluir do relacionamento, até ser trabalhado, olhado com amor.

A segunda palavra é POR FAVOR, como se dissesse: "por favor, me tome do jeito que sou". Essa palavra completa a primeira, agora você pede para o parceiro(a) te tomar do que jeito que você é, e assim, ambos se aceitam e se respeitam.

A última palavra mágica é OBRIGADA por ter me escolhido. Diante de tantas opções, o seu parceiro te escolheu para ser sua esposa e mãe dos seus filhos e isso é uma verdadeira completude.

De forma resumida, a palavra SIM significa aceitação incondicional, dizer sim, confirmar, aceitar. Eu não quero que você seja da forma que eu sonhei ou idealizei. Eu aceito você exatamente do jeito que você é, com todas diferenças e dificuldades.

A palavra POR FAVOR significa que eu reconheço que eu preciso de você. Não é por favor isso ou aquilo. É simplesmente por favor, que quer dizer que eu aceito o que você tem para me dar.

E a última palavra, e a mais bonita, OBRIGADA, significa que agradeço o que recebi de você, seja o que for e da forma como vem.

Todas essas três palavras são trazidas por HELLINGER, com muito amor e respeito.

DIFERENÇAS ENTRE O HOMEM E A MULHER

Que a mulher e o homem são diferentes fisicamente, todo mundo já está careca de saber. No entanto, nossas diferenças não estão só na dimensão do corpo, na fala, nas expressões ou nos traços. O psíquico, o mental e o coração trazem muito mais diferenças do que a simples imagem do corpo. Aliás, é no interior que acontece a maior parte das características diferentes entre o homem e a mulher.

No sexo, nas finanças, na criação dos filhos, no quesito apego emocional, na força física, na forma de expressar amor, no jeito de ver e sentir o mundo, na impressão do ambiente, na relação com os amigos, nas necessidades diárias, nas cores, na profundidade, nos anseios, nas expectativas, bom você aí já deve estar elencando várias outras características que nos diferenciam.

Portanto, a mulher chega a ser enigma para o homem e o homem para a mulher, mas, somos convidados, assim, a complementar nossa concepção dos aspectos da vida. A partir da companhia do outro sexo, aumentamos nossa opinião e sabemos que temos outros fatores a considerar, que não os nossos.

O mais importante de tudo isso é entender que existe uma razão para tantas diferenças, chamada completude, ou seja, temos a necessidade natural de completar um ao outro.

Mas, muitas pessoas correm atrás da chamada igualdade, dizendo que, para dar certo, o casal precisa ser igual, combinar os gostos, os desejos, as ideias.

O grande problema é quando, na boa intenção de conseguirmos essa crença de igualdade aos dois sexos, agimos pela comparação e acabamos não considerando as particularidades do homem e da mulher.

Vou explicar: nesse caso, igualdade está em proporcionar dignidade, condições de vida profissional, social e direitos civis iguais para as mulheres, tanto quanto é para os homens, o que a nossa Carta Magna fez de uma forma brilhante.

Já comparar é considerar que os dois sexos são idênticos, na forma de ser, nas emoções, nas necessidades e, principalmente, nos papéis masculino e feminino.

Olhar para cada sexo, para favorecer suas necessidades específicas e características particulares dá trabalho, é mais trabalhoso do que decretar uma lei para todos, nivelar a todos, mas só assim é que verdadeiramente iremos proporcionar dignidade e alegria às pessoas.

O importante é compreendermos que a necessidade psíquica do homem é ter seus pensamentos respeitados, já a necessidade psíquica dá mulher é ter os seus sentimentos respeitados, portanto, já podemos ter uma noção de quanto somos diferentes.

Por que então tentamos de todas as formas nos igualar?

O primeiro ponto a ser observado é que temos crenças limitantes equivocadas que, se sermos iguais, temos mais chances de dar certo. Isso é uma verdadeira bobagem que trazemos a séculos do sistema familiar, porque na essência homem e mulher são diferentes, portanto, se levar a sério esse item, nunca vamos ter um relacionamento feliz.

O segundo ponto é que alguns parceiros gostam demais de estar no controle das situações, porque na cabeça deles é mais fácil e seguro estar do lado de alguém que a gente combina, mas isso é pura desconfiança da nossa parte.

O terceiro ponto é a lei do menor esforço, ou seja, é melhor ser igual para ter menos trabalho, evitando, assim, precisar convencer, litigar e fundamentar.

A lei do mínimo esforço reflete uma verdade que quase todo mundo conhece, por puro senso comum: menor gasto de energia. Por quê? Porque é mais eficiente: nos leva a obter o mesmo resultado realizando menos esforços.

O quarto ponto é a arrogância. Deixa-me explicar. Quando um dos cônjuges vem de pais que brigavam muito, e daí a criança disse em seu coração: "quando crescer vou fazer diferente", então no decorrer da vida, tem alguns desentendimentos no casamento, que seria algo normal, mas a pessoa faz o mesmo erro que criticou dos pais.

O quinto ponto é relacionado a lealdade parental, ou seja, sempre vamos achar que nosso sistema familiar é mais importante que o sistema familiar de nosso cônjuge, portanto, vamos tentar mudar nosso companheiro em fazer tudo que sempre foi feito pelo nosso sistema. Quero que o outro se transforme naquilo que sou. Quero que ele seja como eu. Nesses casos ninguém quer ceder, e aí começam os conflitos familiares.

Isso é um amor cego pelo sistema familiar de origem.

Por isso, é muito importante se despedir do nosso sistema familiar para formar um novo sistema familiar, com novas regras que comportem aquilo que o novo casal precisar.

Precisar arrancar do nosso coração a ideia que, para dar certo, precisa ser igual. O que precisa ser é respeitoso com as diferenças.

A busca pela similaridade incialmente parece fazer sentido, mas conforme vai passando o tempo, isso vai tirando a força do casal, porque não tem completude, fica morno, sem nenhum aprendizado e o casal vira fantasma.

Lembrem-se, o homem busca a mulher para ficar completo e a mulher busca o homem para ficar completa.

Tomar as diferenças do outro e crescer, esse é o movimento do progresso e da bonança no relacionamento de casal.

Quem é igual não procria, não passa a vida adiante de forma natural. Existe uma razão universal para sermos diferentes, dessa forma fazemos a troca, nos completamos.

Então, devemos parar de perder tempo em querer transformar o homem em mulher e a mulher em homem. Não precisamos de espelho, precisamos de troca para crescer.

Conserve o seu feminino e o homem o seu masculino e está tudo certo.

A paz nasce nas diferenças desde que haja respeito.

A única coisa que não pode ser diferente é o propósito de seguir a vida juntos.

Vou deixar uma tarefa aqui para você, leitor: perceba qual dos pontos anteriores que eu falei que você está sentindo que está tentando utilizar para deixar o outro igual a você. Vou também deixar uma dica de um vídeo de animação de Maurício Bartok, curta-metragem, chamado: perfeito.

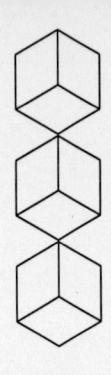

//////
COMO DIMINUIR
O MEDO DENTRO DO
CASAMENTO?

Jamais vamos imaginar que o amor desperte insegurança, afinal é por meio dele que um casal se une até que a morte os separe.

Sempre pensamos que o casamento irá trazer conforto imediato, mas todas as experiências grandiosas trazem ao mesmo tempo atração e medo.

Vamos dar como exemplo a maternidade, ela traz atração de ter um filho, de sonhar em dar do bom e do melhor para ele, mas consigo traz os medos, as dúvidas de como cuidar daquele serzinho, de como proceder, de qual é o melhor jeito.

O medo desperta monstros na relação de casal, gerando dependência excessiva, controle, apego, relação simbiótica, tensões, insegurança.

Quando o nosso medo sair do controle, precisamos ficar atentas para não roubar as condições essenciais da relação de casal, como a confiança.

A confiança é uma peça-chave no relacionamento de casal. A confiança em mim, a confiança no outro. A confiança do outro em relação a mim e em relação a ele mesmo.

Não podemos ficar de costas para o medo. Devemos olhar ele, sentir para ver se é grande, pequeno, insignificante, se está longe ou perto.

Temos que ter coragem de olhar o medo para poder curá-lo.

Até a cura do medo gera medo.

Aqui deixo um exercício: com os olhos abertos, respire fundo duas a três vezes, serene seu coração e repita:

EU ABRO OS MEUS OLHOS, CORAJOSAMENTE
EU VEJO
MEU SISTEMA FAMILIAR
A NOSSA RELAÇÃO, NOSSAS DIFERENÇAS E
NOSSAS DIFICULDADES
VEJO A MIM MESMA
VEJO VOCÊ, NOSSO AMOR E NOSSOS FILHOS
VEJO QUE FAÇO PARTE DE UMA CORRENTE,
NÃO ESTOU SOZINHA
EU ABRO MEUS OLHOS E VEJO O TODO
ASSIM ME ENGRANDEÇO E ME ENCORAJO

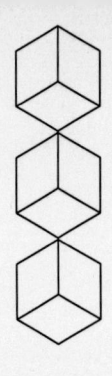

///// SE É TÃO TRABALHOSO, POR QUE PERMANECEMOS CASADOS?

Quando estamos exaustas dentro do casamento, perguntamos lá na alma: Por que estou casada? O que estou fazendo comigo em permanecer nessa relação?

A realidade é só uma, todos estamos tentando fazer dar certo.

Um dos grandes motivos de estar casada é porque queremos ter uma família. Isso, ninguém contesta. Queremos ter ao nosso lado uma pessoa que podemos confiar e contar nos melhores e nos piores momentos, queremos crescer, compartilhar e somar. O fato de servirmos dentro do lar nos engrandece como ser humano. Quando a mulher coloca o feminino a serviço da família, ela sente-se realizada, amada e abençoada.

O casamento é uma necessidade da alma, porque é nele que crescemos, observamos nossas dificuldades, nossas dores e subimos na escada da evolução.

A necessidade de troca, de sentir-se humano, amado, são motivos essenciais da relação de casal.

Os frutos, advindos do casamento, completa a união e nos deixa mais próximo do divino que habita em nós.

Uns vão fingir que não precisam do casamento, que não tem necessidade de troca, mas no fundo só estão tentando fazer a vida dar certo sozinhos e esse é o pior caminho. O caminho da solidão, muitas vezes, é buscado porque lá dentro da união, tudo está desgastado, mas essa não é a melhor saída, pode confiar.

Com o passar do tempo, vamos percebendo que tudo que exigimos do outro são dores e necessidades nossas, portanto, ficar sozinho vai trazer consigo todas as dores, assim, mesmo que separado, continuamos na mesma situação de tensão, nervoso emocional, e aí percebemos que não era o outro, e sim nós mesmos.

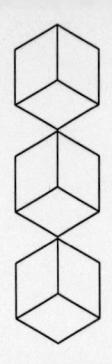

/////

SUCESSO E FRACASSO

A conexão com os pais reflete o sucesso. Já a desconexão com os pais reflete o fracasso.

Temos que ter em mente que nossos pais são seres comuns iguais a nós. Eles erraram, acertaram, fizeram coisas que muitas vezes desaprovamos, mas eles são imperfeitos, tiveram infância, medos e traumas, assim como todos nós.

Para que possamos ir grande diante da vida, precisamos tomar dos nossos pais tudo que eles nos deram. Sermos gratos. Independentemente do que aconteceu lá atrás.

Essa é uma lei sistêmica que garante a ordem e o equilíbrio dentro das famílias, segundo os estudos do pensador alemão Bert Hellinger, o pai da Constelação Familiar – técnica terapêutica de cura emocional e solução de conflitos nos relacionamentos.

Há uma ideia disseminada na nossa sociedade de que pai é aquele quem cria. Nessa crença está embutida uma perigosa exclusão.

Afinal, qual é a condição para que um homem se torne pai?

Do ponto de vista da existência, basta que apenas conceba uma vida. O lugar e a função de um pai no sistema familiar, portanto, ninguém pode substituir ou lhe negar.

A consciência coletiva do sistema familiar gera em nós uma pressão por compensação ou expiação, muitas vezes fazendo com que um membro de uma geração seguinte represente o membro excluído, repetindo o seu destino para que os outros, de alguma forma, o olhem.

Assim, nunca devemos excluir nossos pais, renegá-los, expulsá-los, não os aceitar em diversas situações cotidianas, pois os filhos são os seus pais, uma mistura perfeitamente equilibrada de 50% do DNA do pai e 50% do DNA da mãe.

É muito difícil alguém ter êxito na vida se não tomou plenamente um dos pais, se os rejeita ou despreza. A pessoa pode até ter sucesso por um tempo, porque usa a raiva para agir, mas isso não se sustenta no longo prazo.

Quem rejeita o pai, por exemplo, rejeita a si mesmo e sente-se vazio, sem realização, sem propósito de vida.

A maneira como nos relacionamos com ele, hoje e no passado, vai se refletir mais tarde na maneira como nos relacionamos com a nossa profissão, com figuras de autoridade, com os nossos parceiros (no caso das mulheres) e em como nos sentimos inseridos no mundo.

A pessoa que não tomou os pais pode, muitas vezes, ter várias profissões e não se fixar em nenhuma, ou mesmo não ter profissão alguma.

O segredo é aceitar como eles foram para alcançar uma vida plena. Aceitar com alegria o que a vida nos traz e soltar com a mesma alegria quando a vida nos tomar.

Amar o que somos, não pretendendo ser diferente, melhores ou piores, respeitando nosso destino, nosso corpo, nossos desejos, nossos sentimentos. Sentir que a origem de nossas raízes tem força diante do nosso presente, somos continuação.

Sempre nossos pais vão nos amar, mesmo diante de tragédias, essa é a regra da vida. Contar com eles sempre. Portanto, eu reverencio meus pais, com muita alegria e com todo respeito, pois eles fizeram o que podiam fazer e pronto.

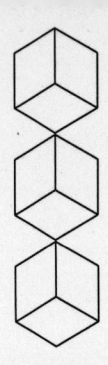

AMOR INTERROMPIDO

Tudo aquilo que acontece conosco tem a capacidade de criar imagens internas, que irão nos influenciar por toda nossa vida.

Esses acontecimentos complexos são conhecidos como traumas que são regados de sentimentos que se tornam marcas da infância.

Esses traumas podem ser chamados de interrupção do fluxo de amor. Essa interrupção pode ser precoce, quando acontece ainda na infância, como por exemplo: internação hospitalar, perda dos pais, afastamento da criança da mãe quando o bebê precisa ficar na UTI, sentimento de filho preterido e outros tantos.

No caso de filho preterido, certamente quando você começou a se queixar desta rejeição e provavelmente seus pais negaram, pois, além de ser uma acusação difícil de assumir diante de seu rebento, é um comportamento visto socialmente como errado, ou doentio por parte dos genitores. Mesmo que bíblico, como no caso de Caim e Abel, ninguém assume na família e entre seus amigos, gosto mais deste filho do que daquele, ou pior, não gosto deste filho.

Todos esses acontecimentos, muitas vezes, são fantasiados pela criança, o parto é uma maratona, sem saber o que vai acontecer após um grande esforço e cansaço vem a enorme dor de respirar, afinal no líquido amniótico nunca foi necessário respirar sozinho, o choque da temperatura após o nascimento é outra adversidade suportada pela criança recém-nascida, pois dentro do útero a temperatura é a mesma, e fora da proteção tem muita oscilação. E o que dizer do susto da luz nunca antes vista ao sair da barriga?

Daí para a frente é muita fome, cólica, regras, convenções e alienações e assim vai, mas este é papo para outra conversa, quero apenas ressaltar a importância de se sentir amado, acolhido, e de outro lado, o quanto a vida pede que sejamos fortes, resilientes e apegados a ela para poder suportá-la, são lados complementares da existência, um assunto de grande polêmica no universo dos estudiosos do ser humano.

Divagando um pouco no caso de Caim e Abel, apesar de ser uma alegoria, imaginem os sentimentos envolvidos nesta narrativa do texto bíblico: Adão e Eva, após serem expulsos do jardim do Éden, tiveram um filho, chamado Caim, e, posteriormente, tiveram Abel.

Os dois irmãos cresceram juntos, até Caim ter decidido tomar como sua a árdua função de agricultor. Abel era um pecuarista. Caim e o seu irmão mais novo Abel apresentaram ofertas a Deus. Caim apresentou frutos do solo, e Abel ofereceu uma ovelha, a oferta de Abel teria agradado a Deus, enquanto que a de Caim não, caindo-lhe o semblante. Possuído por ciúmes, Caim armou uma emboscada para seu irmão. Sugeriu a Abel que ambos fossem ao campo e, lá chegando, Caim matou seu irmão. Após ter matado Abel, Caim teria partido para a terra da Fuga (Nod ou Node).

Percebem o sentimento de rejeição, ou exclusão que Caim alimentou dentro de sua alma, era um sentimento escuro, maléfico, movido pelo ciúme que teve da suposta atenção que Deus entregou a Abel e negou a si próprio. Caim mata seu irmão pois acumulou raiva suposta da falta de carinho e atenção que Deus lhe negou, e mesmo tendo sido severamente punido, não se arrependeu do assassinato do irmão.

Esse texto bíblico é uma metáfora a respeito dos sentimentos envolvidos entre pais, filhos e irmãos, ter negado o carinho dos pais, ver seu irmão um escolhido, enquanto você é excluído, além da dor da angústia velada dentro da alma, e nunca assumida pelos pais, promove uma raiva enorme, ciúmes, ressentimentos guardados que permanecem muitas vezes inativos por anos.

Toda essa história é um exemplo de fluxo de amor interrompido na infância, adolescência ou juventude que afasta o recebimento do amor dos pais como energia vital da vida.

A dor, nesse momento na primavera da vida, não pode ser absorvida e metabolizada pela psique infantil, ela então cinde e perde contato com sua capacidade inata de ser, sendo que o corte interno é direto no SELF.

Já a interrupção do fluxo de amor tardio é o caso da traição na vida adulta, onde se quebra o elo de confiança de fidelidade no casal. Prejudicando o fluxo de amor. Fazendo com que o adulto tenha medo de confiar no outro, prejudicando o relacionamento de casal.

Essa condição psíquica nos incapacita para podermos nos realizar em parcerias, como adultos inteiros e incompletos que buscam unir-se pela força amorosa a outro adulto inteiro em si, mas incompleto. Aqui, a incompletude quer dizer que, homem e mulher são incompletos e se unem para formar uma completude.

Não superar essas expectativas ilusórias de nossa infância, ou dos traumas vividos na vida adulta, limpando nossas lixeiras emocionais, é a causa da maior parte das separações de casais.

Tudo é uma questão de projetar no outro nossas dores, pois é bem mais fácil, gera menos incômodo, tensão, movimento. Puxa vida, como seria mais tranquilo se cada um dentro do relacionamento apara-se as arrestas necessárias. Muito mais prático, resultaria mais avanço e menos sofrimento.

Vemos as coisas de modo diferente quando compreendemos que apenas podemos confiar no amor. O amor está sempre lá, o que precisamos é conectá-lo, através de uma ordem.

A cura está em olhar para o local onde o fluxo do amor foi interrompido e observar sem qualquer arrogância, culpa, raiva, medo, os sentimentos que floresce.

A cura é nos despirmos diante da dor, encará-la, aceitá-la, não ter vergonha, dominá-la e vencê-la, esse sim é o ser humano que veio para crescer.

Podemos citar algumas exigências observadas dentro do relacionamento de casal, que revelam a quebra de fluxo de amor, como exemplo: cobrar demais o parceiro; reclamar o tempo todo, como se nada que o parceiro fizesse estivesse bom; julgar as atitudes e os pontos de vista do outro; não aceitar as diferenças existentes entre o casal e tentar sempre prevalecer o seu ponto de vista; tomar partido de um dos pais do casal; fazer exigência em troca de favores, etc.

A alienação parental é um exemplo de quebra de fluxo de amor na infância, porque a criança fica dividida entre o pai e a mãe e, no fundo, ela quer amar ambos de forma igual. E como resultado, o filho vítima da alienação se afasta do genitor alienado, por pressão do genitor alienante, gerando graves consequências para sua vida de adulto, pois teve seu contato com um dos genitores proibido.

Outro problema acontece quando os pais esperam dos filhos uma inversão hierárquica na expectativa que esses filhos cubram as carências afetivas dos pais.

Exerce-se a chamada chantagem emocional. De uma maneira especial, tem-se às expectativas que esses filhos preencham o vazio existencial dos pais, isso tudo às vezes de forma inconsciente por parte dos pais. Pode acontecer que alguns desses filhos sacrifiquem suas vidas por amor cego, e emaranham-se com intensidade nos imbróglios dos pais e não poderão cumprir seus destinos de forma livre, pois voltam-se com o pescocinho virado para eles.

Para outros filhos, a pressão da autonomia os empurra tanto que fogem na intranquilidade de uma autonomia forçada, e são obrigados a não tomar partindo na vida com uma sobrecarga e sem estar suficientemente nutridos para seguir o seu caminho.

O que pode ajudar é o desejo verdadeiro de ser livre e feliz, com coragem e tomar nossos pais tal qual são e comprometer-se à rendição de aceitar e superar o desamor recebido, os danos físicos e psicológicos.

Aceitar a vida como ela é, e ponto final, saindo do queixume, e convertendo em pessoas reais criadoras de nosso destino em concordância com o destino que recebemos é a solução mais acertada de uma pessoa de sucesso.

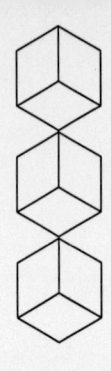

DIFERENÇA ENTRE CONEXÃO E APEGO

A conexão entre os pais e filhos não significa simbiose. Não significa precisar sentar e tomar café todos os dias, não significa amor, não é contar segredos, não é visitar todos os dias da semana.

A conexão é uma pequena reverência que se faz com muito respeito, nem precisa contato físico, só levar na alma e reconhecer que a vida que veio, que chega até nós, já é um grande presente.

As crianças que são criadas por pais adotivos, antes de fazer uma reverência a eles, precisam fazer uma reverência no coração aos pais biológicos, afinal, eles lhe deram a vida, permitiram que ocorresse o nascimento.

É muito importante entender que todos nós temos um lado saudável e outro lado doente e, esse último, fere os outros. Um grande exemplo é a geladeira, se não estiver conectada, não cumpre suas funções.

A autorresponsabilidade é uma chave para curar emoções.

Conexão não significa apego, quem apega demais não se desprende. Depois que nos conectamos com os pais, precisamos partir para nosso futuro senão vamos ficar presos.

As palavras-chaves são: tomar, crescer e seguir.

Quem não se despede dos pais fica indisponível para o companheiro.

Muitas vezes a mulher está tão indisponível para o marido que ele se apega aos vícios, esteja adoecendo e você fica igual um fantasma grudado em seu sistema familiar.

SÍNDROME DA FILHINHA DO PAPAI E DO FILHINHO DA MAMÃE

O homem que se atrita (no sentido de criticar) com o pai, vira filhinho da mamãe. A mulher que se atrita com a mãe vira filhinha do papai.

Essa frase não é um termo pejorativo, e sim um termo técnico que evidencia uma postura onde os filhos se colocam no movimento de viver a dor de um dos pais e com isso, ficam indisponíveis para viver a sua própria vida.

Esses filhos, quando se encaminham para a vida adulta, muitas vezes não estão verdadeiramente disponíveis para uma relação amorosa, pois se encontram "vinculados e comprometidos" com seus pais.

Ao nos casarmos, nossa família de origem tem precedência, mas o nosso(a) parceiro(a) atual deve ter prioridade.

Enquanto esse filho estiver comprometido, enraizado com sua mãe, dando prioridade à mãe as custas da esposa, ou a filha estiver comprometido com o pai, olhando o mesmo como modelo e exemplo de homem, essa relação será fadada ao fracasso.

Nesse sentido, trago várias consequências que são geradas:

1. A mulher compara sempre o marido com o pai dela;
2. Nas dificuldades no lar, a mulher chama o pai para resolver, em vez do marido;
3. A mulher faz uma lista criteriosa com os homens, nunca está satisfeita, exige muito, despreza o homem;
4. A mulher fica manhosa, sedutora, ao mesmo tempo que cativa o homem, abandona fácil, despreza;
5. Quer que o homem faça tudo que o pai fazia;

6. Não sabe a importância de ter um homem;

7. O homem acha difícil permanecer, gera competição e atrito familiar;

8. A mulher sempre tem uma desculpa para ficar próximo do pai;

9. O parceiro(a) diz: "não estou nem aí se ele for embora", ou seja, dá de ombros.

A grande sabedoria no relacionamento de casal é cada um se despedir um pouco do sistema familiar de origem para construir o relacionamento atual.

A pergunta que fica é: o que eu vi o pai e a mãe fazendo em casa? Em relação ao dinheiro, a relação de casal, aos filhos, aos princípios, ao trabalho, na relação com os amigos, na sociedade. Qual a tendência que você traz da sua família de origem?

Pode responder bem baixinho, depois perceba se você é filhinha do papai ou filhinho da mamãe.

VOCÊ TEM MEDO DE SER EXCLUÍDA SE FIZER DIFERENTE?

Ficamos com a consciência leve quando fizemos tudo igual ao nosso sistema familiar de origem. Exemplo: o menino adota o alcoolismo para fazer igual ao pai. Nesse caso, beber faz sentido, porque esse menino está seguindo no seu inconsciente a tendência do pai.

Nossa consciência pessoal não está diretamente ligada com o certo ou o errado. Ela se guia por outros princípios, que podem ou não estar ligados ao que é denominado de moralmente "certo" ou "errado".

A nossa consciência pessoal se liga a três princípios: princípio vinculador, que estabelece pertencimento ao seu grupo; princípio de equilíbrio nas trocas, entre o dar e o receber; e o princípio de ordem ou hierarquia.

Nos sistemas familiares, quando alguém faz algo que ameaça ou fere seu pertencimento ao grupo familiar sente imediatamente a consciência "pesada".

Por exemplo, se alguém se depara com o fato de estar saudável, mas todos os membros de seu grupo familiar estiverem muito doentes, vai se sentir "culpado". Se todos os irmãos estarem com dificuldade financeira, e você estiver melhor economicamente, começa a ficar pesado ter mais condições que os outros irmãos.

Ou talvez um membro da família de desonestos, sente-se "culpado" se for honesto. Tudo isso é muito estranho, não é?

Especialmente estranho, porque nesses casos, essas pessoas se sentiriam "inocentes" – ou de consciência leve – fazendo coisas que no primeiro caso (adoecer junto com os demais membros da família) seria uma coisa "ruim", mas como ele está seguindo o que o sistema familiar sinaliza se torna leve. Já no terceiro exemplo, não ser honesto, seria uma coisa boa.

Muitas vezes, fizemos coisas erradas para ficar com a consciência leve. Exemplo: ficar gorda como todas as mulheres do nosso sistema; ou talvez, não fazer o casamento feliz porque os outros não fizeram.

A gente não vai deixar de pertencer ao nosso sistema familiar se fizer um pouco diferente.

O mais importante de tudo é não julgar e culpar, porque às vezes nossos ancestrais fizeram de forma inconsciente, sempre pensando fazer o melhor.

Na realidade você não precisa cutucar a história de seu sistema familiar, apenas sinta se você toma as decisões por você ou por outra força.

Só toma, sem criticar e julgar.

Se concordarmos com nosso sistema familiar vamos ter: paz, dignidade, força, ordem, traz cura e libera as próximas gerações.

Saia do papel de mãe da sua mãe, esposa do seu pai, filha dos seus filhos, mãe do marido, mãe dos irmãos. É simples assim. O quanto estamos dispostas a ver. Olhar para nosso marido e olhar atrás dele a mãe dele. Como é nosso olhar para nossa sogra? Fale do coração: "Fulana de tal, você é a mãe dele. Você é a mãe certa para ele".

SUPORTAR A FELICIDADE

Suportar a felicidade é suportar a consciência pesada de fazer diferente.

Fazer um pouco diferente da família de origem para ser feliz. Aceitar o casamento, aceitar que em seu relacionamento tem altos e baixos, compreender que todos somos diferentes e se completamos nos pequenos detalhes.

Caso você não suportar a consciência pesada, será infeliz e continuará fazendo igual o seu sistema familiar de origem.

Você escolhe ser feliz com a consciência pesada, ou ser infeliz com a consciência leve.

Seus ancestrais torcem para você ousar e fazer um pouco diferente.

Aproveita e seja feliz. Como? Concorde com o destino de seus pais; reverencie suas lutas e a jornada; tenha gratidão por tudo como foi e se apresenta.

Faça só um pouco diferente. Lembre-se: quem fica rebelde faz igual.

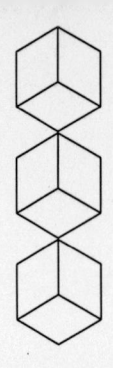

/////

FORTALECENDO O FEMININO.

Como o feminino chega até você? Através de sua mãe.

Muitas civilizações antigas idolatravam o poder associado ao feminino, em que a mulher possuía um papel sagrado na sociedade, baseado na valorização de sua capacidade cíclica, de reprodução e de criar a vida do próprio corpo.

Com o passar do tempo, a dominância patriarcal trouxe uma desvalorização da presença feminina, fazendo necessário um movimento atual por esse resgate.

Tomar consciência dos ciclos femininos e lunares (como o da menstruação), da capacidade de criação e acolhimento (gestação) e da força característica da mulher (cooperação) são importantes passos nesse processo em busca da nossa essência.

Os arquétipos do universo masculino e feminino nos ajudam a compreender um pouco da nossa essência. Na psique do homem temos o arquétipo Anima, que corresponde à presença feminina inconsciente em cada homem. Esta presença feminina atua sobre o inconsciente do homem, oferecendo-lhe possibilidades de sentir, perceber e atuar no mundo de forma a completar e equilibrar suas tendências masculinas.

Dentro dos arquétipos femininos, encontramos as deusas da mitologia, que, independentemente da sua nomenclatura, representam diversos aspectos femininos geralmente esquecidos ou bloqueados, carregados de ensinamentos.

Podemos citar aqui: a Jovem que ensina a espontaneidade e a pureza, a Guerreira que instrui a defender e lutar por nossos objetivos, a Amante que mostra como lidar com a sexualidade e sensualidade, a Mãe que ensina a acolher e cuidar, a Velha que traz a sabedoria do tempo e a Sombra que nos convida a aceitar nosso lado mais oculto, trazendo luz para a escuridão interior.

Tanto para as mulheres quanto para os homens, além desses conhecimentos arquetípicos do inconsciente coletivo criado pelo psiquiatra suíço Carl Gustav Jung, a construção do feminino também se dá a partir da nossa história familiar e da relação profunda que temos com a nossa mãe.

Aliás, foram nossos pais que nos deram a vida.

Assim, o referencial materno consiste tanto da vivência que temos com a nossa mãe quanto da mãe interna que todos nós carregamos, e é nesse referencial que as mulheres se baseiam para se constituírem como mulheres e mães; e é a busca por esse referencial que guia os homens para escolherem suas companheiras. Por isso, é tão valoroso tomarmos consciência desses referenciais, de quão saudáveis eles são, pois assim podemos optar por reproduzi-los ou transformá-los em posicionamentos e escolhas diferentes.

Nos conectarmos como nossa fonte, compreendendo essa magnitude e profundidade nos torna mulheres curadas, sem medos, livres para construir e repassar a vida adiante.

Tomar o feminino através da mãe não deixa o fluxo de amor se afastar, assim saberemos conduzir uma relação de casal, servindo com amor nosso companheiro e sabendo conduzir nossos filhos com segurança e afeto.

Cuide se você está criticando, julgando, exigindo, condenando, contrariando, atritando com sua mãe, pois temos uma geração de mulheres que estão com o feminino rebaixado, querendo fazer muito diferente que nossas mães fizeram e acabam prejudicando sobremaneira os relacionamentos afetivos.

Quando nos afastamos da nossa mãe, interrompemos o fluxo de amor. Quando competimos com o companheiro é um bom sinal que estamos desconectadas com a mãe.

A mãe tem o feminino suficiente para nós. A natureza não erra. É através da nossa mãe que veio a vida. O primeiro papel da mãe no sistema familiar é, junto ao pai, perpetuar a vida no sistema familiar. A partir da vida gerada, a mãe é, também, aquela que nutre essa vida.

Portanto, a mãe representa a própria vida e transmite aos descendentes o feminino sagrado que é: amor, nutrição, segurança, abundância, criatividade, sucesso na vida profissional, prazer, alegria de viver e prosperidade.

O sucesso, a prosperidade, são uma lei da vida. Toda vida é bem-sucedida. O importante é se também tomamos a vida como sendo abundante. Vida e mãe são internamente a mesma sintonia. Do mesmo modo que tomamos nossa mãe, assim tomamos a vida.

Quem rejeita sua mãe, rejeita a vida. A vida é, ao mesmo tempo, amor. Toda vida humana se desenvolve através do amor.

Sabemos que o papel da mulher vem ganhando mais força com o passar dos tempos, afixando-se com presença no mercado de trabalho e na sociedade.

Não faz muito tempo que os principais papéis da mulher eram o de ser uma *boa mãe, boa esposa e boa dona de casa.*

Quando as mulheres começaram a trabalhar fora, a contribuir economicamente com a família, ainda tinham que realizar as funções de mulher.

Se antes a mulher teria que se realizar somente na maternidade e no casamento, hoje seus potenciais de realização se abriram para todas as áreas da sua vida.

Quando a mãe nos olha nos olhos, no momento do nascimento, durante a amamentação, seja ou não no peito, e durante o nosso desenvolvimento, vamos desenvolvendo a nossa segurança para nos relacionarmos mais com a vida e com as pessoas.

Honrar pai e mãe permite que a força da vida flua de forma intensa e livre até você. Esse é o mandamento trazido por Moisés e frutificado pelo Mestre Jesus.

Os filhos têm dificuldade de ter uma imagem realista da mãe. Costumam ter uma ideia idealizada da mãe, projetando características admiráveis e exigindo atitudes e comportamentos que não correspondem à realidade.

Quando esta mãe se comporta de maneira diferente daquela que os filhos entendem ser o "certo", o movimento de se afastar dela se inicia.

Quanto peso se coloca em uma mãe quando se exige dela uma perfeição idealizada?

Esse movimento é comum ao ser humano em algum momento da infância, porém, torna-se um desequilíbrio quando se mantém ao longo da vida. Quantos filhos adultos continuam exigindo da mãe a partir de uma imagem irreal, esquecendo que esta mãe é uma mulher, um ser humano?

Assim, o filho pode liberar a mãe de suas expectativas e, consequentemente, começa a experimentar um vínculo muito mais forte com ela.

Estar bem com a mãe é estar bem com a vida. A forma como se trata a mãe é a mesma forma que se trata a vida. Ela é a grande porta de entrada para a nossa vida e tudo o que isso representa.

Enquanto estamos exigindo da mãe, estamos exigindo da vida, ao invés de conquistar e criar queremos pelo nosso esforço, queremos que tudo chegue até nós pronto e do jeito que idealizamos, afinal, ela é nossa mãe.

Essa atitude interna infantil nos deixa indisponíveis para realmente experimentar o que a vida tem a oferecer e o que a mãe já nos deu e ainda nos dá, trazendo mais afastamento e mágoas.

Queremos sempre mais do que nos é dado.

Ao estar ocupado exigindo, criticando e reclamando o filho não consegue receber, e ao bloquear o receber, o fluxo da vida, do amor e da prosperidade também são interrompidos.

Lembrem-se sempre: A mãe é a vida. O pai é o mundo.

Trago aqui a carta que Bert Hellinger escreveu para a sua mãe. Esta leitura é um excelente exercício de reflexão.

"Querida Mãe,

Você é uma mulher comum, assim como milhares de outras mulheres. Amo você assim, como mulher comum. Como mulher comum você encontrou o meu pai. Ele também é comum. Vocês se amaram e decidiram passar a vida inteira juntos. Casaram-se, isto também é comum, e se amaram como homem e mulher, profundamente. Fui gerado através desse amor profundo. Sou um fruto do amor de vocês. Vivo, pois vocês se amaram – muito comum.

Esperaram por mim durante nove meses, com esperança e aflições, perguntando-se se as coisas caminhariam bem para vocês e para mim.

Sim, querida mamãe, então você me pariu com dores e tormentos. Assim como outras mães têm os seus filhos. Então, eu estava aqui.

Vocês olharam para mim e se olharam. Estranharam: este é o nosso filho? E disseram sim para mim. Sim, você é o nosso filho e nós somos seus pais. Tomamos você como o nosso filho. Então me deram um nome através do qual me chamam, deram-me o seu nome e disseram a todos: este é o nosso filho, pertence a nós.

Vocês me nutriram, educaram e cuidaram de mim durante muitos anos. Sempre pensaram em mim. Preocupavam-se e se questionavam sobre as minhas necessidades. Deram-me muito.

Os outros, assim como eu, também, às vezes, diziam que vocês tinham falhas, que não eram perfeitos e que deveriam ter sido diferentes. Mas assim, da forma que vocês foram, foram certos para mim. Somente por terem sido da forma que foram, tornei-me quem sou. Para mim, tudo estava certo. Eu lhe agradeço, querida mãe, eu lhe agradeço, querido pai."

Agora, o mais importante:

"Liberto você, querida mãe, de todas as minhas expectativas e exigências que superam o que se pode esperar de uma mulher comum. Recebi suficientemente e já basta. Obrigado. Libero você, querido pai, de todas as minhas expectativas e exigências que superam o que se pode esperar de um homem comum. Eu lhe agradeço."

Bert Hellinger

Para harmonizar a relação com a mãe, começamos por compreender que ela é um ser humano, uma mulher comum como muitas outras mulheres. Depois, olhamos para a "falta" do que se desejava receber e nos abrimos para aceitar essa limitação.

Muitas vezes, o que é percebido como falta de amor tem mais a ver com a medida e a forma do que se esperava receber. Na expectativa irreal, a frustração acontece e é encarada como falta de amor.

A mãe que não demonstrou amor pode ter sido a filha que também não recebeu esta demonstração de sua mãe. Ao nos darmos conta disso, temos a possibilidade de começar a trazer um novo padrão para o sistema.

Mas essa mudança somente é possível se aceitarmos o que já foi e nos colocarmos conscientemente de frente para essa mãe dando um lugar no coração para ela.

Sugiro um exercício mental:

Imagine, visualize ou sinta que sua mãe está a sua frente e você a olha nos olhos, como uma criança olha para a mãe: com olhos grandes e um amor incrivelmente profundo.

É um olhar e uma entrega ao mesmo tempo. É um momento muito pleno.

Se você não a conheceu, imagine como ela seria.

Perceba que atrás dela está a mãe dela, a avó, bisavó e toda a linhagem feminina dela, que também é a sua linhagem.

Perceba que a vida vem de geração a geração, com toda a sua força e energia e, por meio da sua mãe, a vida chegou até você.

Se abra para essa vida. Tome a vida que chega a você.

Você pode fazer um gesto como se estivesse trazendo para si essa força.

Agora se vire, sua mãe fica atrás de você, do lado esquerdo, e você olha adiante, olha para o seu caminho de luz que está iluminado por um grande e radiante sol no horizonte.

Sinta que a mão da sua mãe está em seu ombro esquerdo e receba dela, e de toda a sua ancestralidade feminina, a benção e a força para seguir em frente e fazer o seu melhor.

Receba da sua linhagem feminina que chega até você por meio da sua mãe toda a nutrição, acolhimento e amor que estão disponíveis para você agora.

Respire profunda e lentamente.

Fique com essa imagem e abra os olhos.

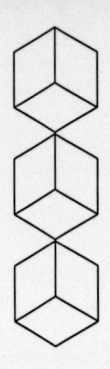

FILOSOFIA DO HOMEM.

Em segredo, o homem casado espera que sua esposa ajude ele a curar suas expectativas.

Esse trabalho precisa ser discreto para não assustar o lado guerreiro dele. Afinal ele foi criado como o mantenedor, o corajoso, o que não chora, o que protege.

Para construir um relacionamento de casal, a mulher precisa do lado um homem e não um menino.

Hoje percebemos um monte de mulheres casadas com meninos.

A forma da mulher amar é atuando, agindo, falando, chorando. A forma do homem amar é observando.

Primeira situação observada é abaixar as expectativas. Ter um olhar amplo para as dificuldades do relacionamento de casal. Não com olhar de piedade, mas olhar de amor.

Tenha certeza que seu companheiro é muito mais do que os defeitos que ele demonstra.

Muitas clientes reclamam que o companheiro: não conversa, não ajuda em casa, não é romântico, mente, tem vícios, é sedutor, não dá segurança, emburra fácil, tem apego a mãe, é infantil, é grosseiro, critica muito, e muitos outros defeitos que você leitora deve estar relacionando com o seu dia a dia.

O importante de tudo é entender que toda ação (comportamento) tem muito antes um sentir, um pensar.

Assim, nós mulheres não vamos mudar o comportamento de nenhum homem, antes disso precisamos olhar o sentimento desse homem e o seu pensar.

ATALHOS EXISTEM?

Existem muitos atalhos para sair da agonia de um casamento. Nós fomos educadas a seguir os atalhos para tentar maquiar um sucesso no casamento e resolver os problemas cotidianos.

Só existe um caminho para um relacionamento saudável, sendo denso e com muito amor.

Um dos atalhos é: fingir que nada está acontecendo. É fácil fingir e é óbvio que o caminho fica mais fácil. Mas, para onde isso irá te levar?

Atire a primeira pedra quem nunca pegou esse atalho e de repente a ferida fica tão grande que não tem mais remédio para curar e o buraco e depois ele vira uma cratera.

A mulher descobre mensagem no celular, finge que nada existiu, que você é feminista e não precisa de homem, usa as modernidades para justificar um erro do marido, escapa diariamente de enxergar o que é, isso dói.

O segundo atalho é fingir que não está doendo, porque nós mulheres somos mestres em fingir que o corpo não está cansado, que a mente não está doendo, que as atitudes do marido não estão machucando. Corremos o risco diariamente, e temos que orar e vigiar, porque ter a instrução é fundamental, mas lembrar dela é difícil, precisamos ficar atentas, todos os dias, e cuidar da nossa mente e do nosso corpo.

Fazer e preservar a família é tarefa difícil, o relacionamento do casal é atacado interna e externamente, muitas vezes pelos próprios amigos.

Quando fingimos que não vemos o problema, inevitavelmente vem o segundo atalho, a dor do que está vendo.

Fingimos e achamos que estamos certas, esse é o atalho para poder fingir que não estamos bem, mas no fundo estamos criando um monstro dentro de nós. A dor é a única coisa que nossa alma tem para dizer que está errado e precisa mudar a rota.

Comemos a semente da sabedoria porque nos falta instrução e medo de se posicionar.

O nosso Eu precisa aprender a assumir as dores.

Não adianta ir para o extremo, bater na mesa, gritar com todo mundo, tomar atitudes impensadas, fazer do jeito que acha que dá e largar o marido, mandar ele ir embora, como se fosse ele o culpado de tudo que você está sofrendo e vivendo no seu relacionamento de casal.

Ou seja, o terceiro atalho é fazer o que veem na cabeça, sem total responsabilidade e isso alivia como se fosse abrir a tampa da panela de pressão.

Alguém já ouviu a conhecida frase: a porta é serventia da casa? Puxa essa frase dói e é falada da forma mais rude que existe. Eu não admito mais a mãe dele se intrometer no nosso casamento, eu não aguento mais vícios, eu não suporto mais a paciência dele ao não procurar emprego.

Tenha em mente que os atalhos dão trabalho. Esses três atalhos acontecem de forma sincronizada.

Para você desfrutar as coisas nobres da terra dá trabalho, você precisa deixar coisas ruins para trás, e isso vai incluir algumas pessoas, precisa cuidar da sua morada, se espiritualizar, observar os seus talentos, organizar a sua vida diária.

O quarto atalho: É deixar outra pessoa cuidar e decidir para você, porque afinal você está confusa. Você que precisa tomar as rédeas e colocar a casa em ordem. Se você outorgar a decisão da sua vida para sua mãe, pai, amigos, vizinho, eles irão fazer conforme é o entendimento deles e você precisa crescer com os desafios e ser autorresponsável.

Quantas vezes você pegou esses atalhos ou outros talvez, e te afastou de seu sonho de ter um casamento próspero?

Lembre-se: tem um caminho convencional. Aquilo que convém. Exemplo: o sinal está vermelho o que convém? parar e esperar, ou passar. Você é livre para decidir. Se você passar você assume a multa de trânsito, ou até a pior consequência, de matar alguém,

O caminho convencional é previsível o atalho é uma verdadeira caixinha de surpresa.

Você para e espera, e isso convém porque lhe tira de prejuízos e você controla. Aguarda. Silencia. Você vai gastar tempo e energia mais convém. No final, vai valer à pena.

COMO ESTABELECER METAS PARA O SEU CASAMENTO?

Na vida precisamos de metas eficientes e o relacionamento de casal segue a mesma ideia.

Precisamos desenvolver nossas habilidades para conduzir nosso casamento e ter habilidades de sentir, de dizer sim, de dizer não, de se posicionar para poder trazer harmonia e paz dentro do lar.

Para ter metas, você desenha primeiramente um plano de ação para, posteriormente rumar na vida.

Se você está sendo agressiva não vai gerar aproximação com seu marido e você segue agindo assim para não ser vulnerável. A mulher muitas vezes coloca a capa de mulher maravilha, fica cansada, seca e afasta de si o feminino, perdendo a ternura, afabilidade para poder conduzir o casamento.

A primeira coisa a se fazer é criar uma lista honesta de comportamentos, tomar consciência do que quer mudar para ser uma esposa melhor.

Ser mais assertiva, deixar de ser passiva ou agressiva, observar o tom de voz, ter mais educação e empatia, ser menos chata, aceitar as diferenças, ser mais leve, servir mais, receber mais os familiares de meu marido, assumir o controle financeiro da família, reconhecer que tem algo a se mudar e que dependa de você e não do seu companheiro.

Tome a decisão e siga.

Tome cuidado com sua lista. É só para você e Deus ver. Não tenha medo de ficar nua diante de você, seja sincera e cuide de seus comportamentos. Não coloque metas inalcançadas, porque isso não vai funcionar. Mudanças pequenas funcionam, tornar isso rotina é o segundo passo da meta.

Ter uma casa edificada é o sonho de qualquer casal e a mulher é o pilar principal de sustentação.

Muitas vezes a gente faz a lista e termina o ano sem ver a lista.

O segundo passo é priorizar os itens da lista. O que você precisa mudar para ontem, que é gritante, que não pode mais esperar.

Geralmente listamos 10 itens e 5 são importantíssimas e queremos mudar de pronto, mas não vai funcionar querer abraçar todos os itens ao mesmo tempo.

Você precisa de energia para mudar e não ter preguiça. Porque quem está vindo de uma vida sem governo não tem força para colocar em prática todos os itens da lista.

Tome decisão de um artigo da lista ou até dois no início para você ver resultados e poder galgar nos próximos.

Tenha certeza que a preguiça vai te subornar diariamente. Não precisa ser polícia, dar uma de investigadora da relação. Precisa pegar no pé com graciosidade, ter jeitinho, pois eles sentem-se cuidados, percebem que na casa tem gerência.

Você precisa se libertar das crenças, fazer um pouquinho diferente.

O terceiro ponto é sentar e escrever para que quero mudar o item que coloquei na lista. Não é porque, é para que? (Consequências claras da meta), para que eu quero trabalhar mais as questões relacionadas à Deus na minha família, para que ensinar sobre a natureza aos meus filhos? para que eu quero ser uma esposa que cuida mais da aparência, para que quero servir mais meu marido? Para que para de tratar meu marido como filho? Para que quero sair do lugar de general?

Tem metas que são para o casal, exemplo: Para que sair uma vez por semana só eu e ele? para que colocar uma meta de uma vez por ano viajar. Qual o sentido do item que você colocou na lista. Senão você não vai mudar os comportamentos que colocou na lista. Você precisa avaliar fielmente. Muitas pessoas estão no movimento de achar que fez a mudança e não fez na realidade.

A gente não muda tudo de uma vez só, tudo é um processo, se mudar uma característica por ano, daqui a 10 anos você tem dez qualidades a mais e vai dar testemunho para outras mulheres.

As vezes viemos de um lugar onde coisas boas não foram possíveis, era realidade dos nossos pais. As vezes fomos criados pelos outros, um tio, uma tia, um lugar que não era um lar, era tudo estranho, então você traz um peso na consciência e as mudanças são difíceis.

As vezes falamos que vamos mudar e não mudamos, porque temos consciência pesada ou consciência leve, e esse assunto já descrevi em outro tópico, vale à pena conferir.

Cada pequena vitória conquistada deve ser comemorada e observada e depois que virar rotina ficar em vigilância sempre.

Toda meta precisa ser desafiadora. Precisa mexer com sua capacidade. Precisa te levar além daquilo que você já realizou.

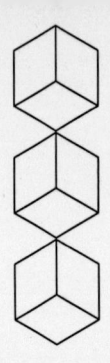

É POSSÍVEL DAR CERTO?

A harmonia na convivência do casal é algo buscado por todos. Nós somos diferentes por natureza, ocupamos sistemas familiares diferentes, por isso é tão desafiador dar certo. Se irmãos que vieram no mesmo sistema familiar tem conflitos diários, imagina o casal que vem de sistema familiar diferente.

Como fazer dar certo? Essa é uma pergunta que todos nós queremos a resposta. Não buscar a perfeição no outro seria um começo. E ao mesmo tempo, não tentar apagar as diferenças que existe dentro do casal.

Buscar conservar a paz mesmo preservando as diferenças é um grande obstáculo, que deve iniciar pelo reconhecimento da história que cada um traz.

A realidade deve ser observada com os olhos bem abertos, não mudando o outro e sim, fazendo o amor reflorescer no reconhecimento do propósito do casal.

Como é fazer ter propósito? Você permanece na união, porque é muito além do amor, por uma razão maior, por saber que a sua cura interna está no seio familiar.

Todo casamento ajuda curar do excesso, da superficialidade, do egoísmo, da passividade, da impotência, do vitimismo, e ao mesmo tempo, devolve o real sentido da vida, a compaixão, a paciência, a sensibilidade.

Quando entendermos esse benéfico mútuo, vamos compreender porque escolhemos o parceiro que temos ao nosso lado, pois necessitamos ir além do diálogo, do sexo, temos que compreender o que a outra pessoa nos completa, nos ensina, nos faz abrir os olhos. Tenha certeza que ela cutuca na sua ferida.

UMA DEDICAÇÃO AS MENINAS DO CLUBE DO LIVRO

Quando idealizei o clube do livro, buscava levar para outras mulheres a imensa sensação que um livro traz.

O ato de leitura é como um bálsamo recebido a conta gotas bem em cima das feridas. Ela não vai provocar a cura imediata, mas vai preparando o terreno, a base, permeando pelo processo de inflamação, proliferação e remodelamento da ferida até chegar a sua cicatriz.

Muitas pessoas nunca abriram um livro, mal sabem o tesouro que cada um guarda, sendo muito mais que uma simples experiência literária, sendo um meio de construir disciplina, compromisso e vivências.

Quando você abre um livro certamente não sentirá solidão e sua mente será conduzida para uma nova dimensão, totalmente diversa do que você já possui para que aos poucos seu cérebro vá criando a elasticidade necessária para desenvolver plasticidade cerebral afim de receber diversos estímulos que criam conexões neurais positivas.

O prazer de ler um livro, se autoconhecer, abrir a mente para novos posicionamentos, agigantar o nosso poder de persuasão, melhorar o vocabulário diário, a escrita, expandindo novos possibilidades e transformando terrenos pedregosos em terras férteis.

Um livro é um grande combustível, sendo fonte inesgotável para a imaginação. Uma boa leitura nos aproxima da compreensão do mundo, e da auto-compreensão, nos coloca de frente para nossas crenças, medos, tabus e preconceitos.

A ciência já comprovou que faz muito bem ao cérebro, já que quando lemos, o sangue flui para diversas áreas associadas à concentração, e no caso de uma leitura mais crítica, chega as áreas menos ativas do cérebro.

O ato de ler nos torna mais humanos pois, saímos da caixa, da arrogância de achar que somos o detentor das melhores ideias, desenvolvemos nossa autoestima, nosso poder de compreensão e orientação no mundo. Tenho certeza que a leitura desconhece a solidão, nos permite estar sempre acompanhados, ora com os personagens, ora com o protagonista, ora com nós mesmos.

A ideia foi lançada no grupo do livro e elas prontamente traçaram assuntos que queriam ler nessa obra, sendo que vou enumerá-los e depois vou discorrer a respeito do tema levantado que desde já, acolho com muito amor.

O primeiro tema levantado é: o papel das mulheres nos 50% que lhe cabem na relação de casal, assumindo suas escolhas e saindo da vitimização. O segundo tema foi: A busca pela beleza, corpo, demais cuidados pelas mulheres e em contrapartida o desleixo dos homens.

Outro tema levantado no clube do livro de uma forma geral é: relacionamento aberto.

Bom para começo de história as meninas puxaram assuntos bem polêmicos e profundos que valem a pena compartilhar aqui o meu ponto de vista, sem qualquer intenção de esgotar o assunto, porque junto delas aprendo em cada encontro.

Em relação ao primeiro tema: O papel das mulheres nos 50% que lhe cabem na relação de casal, assumindo suas escolhas e saindo da vitimização, precisamos verificar que em primeiro lugar temos que ter em mente que depois da paixão, a relação começa a significar outra coisa, é como se subimos um degrau na escada, e o relacionamento de casal se transforma em um amor mais maduro, profundo, algo como: Agora estou vendo melhor quem você é, e já não mexe tanto comigo, mas o suficiente para eu o escolher e seguir um caminho comum em alguma direção (ou não, e nesse caso escolho ir embora).

Quando assumimos o nosso papel na relação, percebemos que temos 50% da responsabilidade em fazer um relacionamento promissor. Assumir a mea-culpa no casamento, não apontando o dedo para as dificuldades do outro e observar a nossa carência primeiro para depois abrir a mala do marido.

O ser humano tem uma grande dificuldade em abrir sua caixa preta, expor suas frustrações, dificuldades, inclusive em casal, por mais que existe uma intimidade, individualmente ambos genitores querem mostrar-se forte, não vulnerável, contornando muitas vezes os próprios defeitos, através de projeções no outro.

Primeiro eu me olho, me acolho, me descubro, percebo que sou comum e imperfeita, assumo minha responsabilidade na relação, depois olho o outro, vejo suas dores, suas dificuldades, vejo que ele é comum, bem humano e também erra, e escolho ficar mesmo existindo muitos desafios.

Baixar as expectativas, se é que me entende. As idealizações construídas no momento da paixão vão por água abaixo, quando amorna a necessidade de conquista. Uma vez conquistado, logo se joga as trincheiras toda beleza, educação, comportamento, apresentando ao outro a pior versão de si mesmo.

O primeiro passo para a construção da família está na relação amorosa que se forma. É quando o casal deixa sua família de origem para formar um novo vínculo e dali se perpetuarem. Dessa decisão amorosa é que surgem os filhos, os quais representaram a consumação do amor.

A ligação de almas de um casal através do matrimônio, união estável, forma um vínculo indissolúvel, fazendo com que cada um carregue muito do outro em si, razão pela qual muitos dos meios que existem para dissolver essas relações são insuficientes para se depreender por completo. Os vínculos são fortes e agem, mesmo após ocorrer uma ruptura.

Assim, cada um assumir sua responsabilidade na permanência ou na ruptura é imprescritível para um continuar leve e saudável, sem carregar culpas.

Não existe em um relacionamento uma sobreposição de um em relação ao outro, mas uma equivalência entre eles, de forma que as necessidades são mutuas, um depende do outro e o compartilhamento das responsabilidades também, ou seja, 50% cada. Entender isso facilita na identificação dos desiquilíbrios que ocorrem em muitos casais.

A lei de equilíbrio deve estar em todas as relações, inclusive na vida do casal, pois se alguém resolver dar mais que o outro, ou ceder mais que o outro, a tendência de que essa relação se encaminhe para o fim, pois quando o desiquilíbrio se tornar presente o término será a consequência.

Entender essa dinâmica evitaria 80% dos divórcios, pena que muitas vezes só um entende e o outro não quer ser autorresponsável.

Quando o casal vive de forma desiquilibrada, aquele que receber demais começa a se sentir insuficiente para permanecer na relação. Começa a fazer de tudo para sair, isso de forma inconsciente, porque ele não consegue entregar o tanto que está recebendo, sente-se diminuído e vai embora, pois existe um sentimento de compensação não atendido pelo que recebeu em excesso.

Diminuir as expectativas, acho que essa seria a melhor frase que representa muito o que é a responsabilização pelos 50% na relação de casal.

A mulher nos seus 50% deve se observar, amar, respeitar e servir o outro. Na medida em que a mulher respeita o que é seu, ela se alegra com isso, assim o homem se aproxima mais da mulher e pode também respeitar o que é dela, abençoá-la e alegrar-se com isso.

O vínculo entre parceiros exige que o homem deseje a mulher como mulher e que a mulher deseje o homem como homem. Ambos são seres bem humanos e comuns, que se completam, por isso existem as diferenças. Ainda bem que não somos todos iguais.

O vínculo não se estreita completamente quando os parceiros se desejam por motivos fúteis, por passatempo ou adorno, como provedores, por ser um deles rico ou pobre, católico ou protestante, judeu ou muçulmano; porque um quer conquistar, proteger, melhorar ou salvar o outro; porque um quer que o outro seja, sobretudo, pai ou mãe de seus filhos.

Parceiros que se juntam com esses objetivos em vista não consolidam uma união capaz de resistir a crises graves, ventos fortes. Se o homem continua a ser um filho em busca de uma mãe e a mulher continua a ser uma filha em busca de um pai, suas relações, embora afetuosas, não são relacionamentos de homens e mulheres adultos. As pessoas que estabelecem relacionamentos na esperança, reconhecida ou não, de que ganharão algo que não recebem do pai ou da mãe, estarão, na verdade, procurando os pais.

Porque tanta ilusão em torno do que o outro pode me dar. Do que o outro vai me preencher, do que o outro vai transformar. Nós nos transformamos e influenciamos o outro a se transformar.

A mulher casa e quer que o marido mude, então ela casa com o marido, já percebeu que ele tem vícios, é preguiçoso, é desorientado, é gastador, e quer que o marido mude, só pelo fato de ela amar ele. Muitas vezes ela não consegue, porque só nosso amor não é o bastante para mudar uma pessoa. Já a mulher muda com o passar do tempo e o homem não quer isso, quer que a mulher continue a fofura do início, querida, amorosa. As diferenças são importantes, e com o passar do tempo o casal precisa reconciliar as diferenças para poder manter o que funciona e mudar o que precisa.

O segundo tema trazido pelas meninas do clube do livro é: a busca pela beleza incessante da mulher, o cuidado com o corpo e mente e, em contrapartida, o homem não se dedica, fica desleixado, cria barriga, se joga no alcoolismo e vícios. Só Jesus na causa, deu até dor de cabeça de pensar todo esse movimento que nós mulheres fazemos.

Está cheio de mulheres que tem, em cima dos ombros, um monte de atividades dentro e fora de casa e mesmo assim, se olha, se cuida e não vê o marido fazendo o mesmo.

Concordam comigo que criticar, cobrar, esbravejar, tentar convencer o outro em se cuidar, se melhorar não vai chegar em lugar nenhum. Porque nós, mulheres, estamos focadas no comportamento dos homens e esquecemos os sentimentos e o pensamento que faz gerar esse comportamento indesejado.

Você só precisa compreender o que está por detrás desses comportamentos. Pode ter certeza que o homem sabe bem o seu limite e nós mulheres não aprendemos a nos cuidar verdadeiramente. Aposto que você mulher que está lendo esse livro, lá pelas 22:00h coloca uma maquinada de roupa e ainda tem tempo para fazer a marmita do outro dia.

Tenho certeza que a maioria das mulheres não estão com a masculinidade saudável. Nós temos o feminino e o masculino dentro de nós. Independente do gênero, toda pessoa traz em si energias feminina e masculina. E equilibrar essas forças pode fazer com que o indivíduo se sinta mais pleno, afinal, esta qualidade de energia é fundamental no desenvolvimento de nossas vidas, já que mulheres e homens a possuem de modo mais ou menos desenvolvido

O que é uma mulher com o masculino saudável? São as mulheres que tem capacidade de dar limites nas demandas externas, ou seja, consegue dizer não, consegue não viver em um relacionamento abusivo, consegue ter posicionamento.

Mulher que sabe se posicionar tem o masculino saudável. Geralmente quem resolve muitos problemas dos outros significa que tem posicionamento fraco, pois seu masculino é enfraquecido. Posicionamento é a capacidade de dizer não para as demandas externas. E postura é como eu faço, como me expresso.

A energia masculina caracteriza-se pela objetividade, razão e foco em uma única direção. Já a feminina é subjetiva, emocional, com atenção possível para várias direções.

Um exemplo claro pode ser observado no fato de que a energia maternal em alguns homens é aparente, sentimos de longe o homem que gosta de cuidar dos filhos, já que eles acabam desempenhando este papel na família.

Nesses casos, eles desenvolveram mais este lado feminino da energia, por necessidade ou opção. Já a energia maternal feminina é necessária durante a vida familiar, mas deve ser observada atentamente pela mulher. Ao se tornar mãe, é preciso saber equilibrar este aspecto, sob pena de desequilibrar sexualmente a relação do casal, por exemplo.

Por mais que seja gritante a diferença entre o casal, criar desarmonia exigindo que o outro mude, não irá solucionar o problema e não vai fazer o outro modificar. A paciência e a confiança são os elementos chaves para um bom relacionamento.

A via indicada seria saber agir fora dos extremos (críticas, brigas, reclamação ou ficar calada, velada, decretar silêncio). Primeiro é com nós. Já estamos prontas para ajudar o marido? Já aprendemos a se posicionar para poder ajudar o marido? Será que nossos maridos são adultos ou crianças no lar?

Aposto que se você continuar brigando o marido não vai te escutar. Ele pega o controle remoto e coloca você no mudo. Silenciar vai piorar ainda, pois é infantil. Esse silencio é emburrar. Ele não está nem te ouvindo. Ele não vai te ouvir.

Como anda sua caixa de ferramentas? Será que não estamos com falta de repertório comportamental. Repertório pobre.

Esse diagnóstico é importante. Você abre a sua caixa de ferramentas e observa, o que você tem de ferramentas para influenciar o seu marido em ir para o mais, em se cuidar, em fazer uma caminhada diária, se cuidar, cortar a barba o cabelo, fazer um check-up médico, deixar dos vícios, da pornografia, do alcoolismo etc.

Se ele não te ouve, o seu casamento está perdendo aderência. Casamento sadio tem conversa, respeito e atenção. A comunicação é importante. Se ele não abre espaço você cria esse espaço. Veja que ele não é perfeito então cabe a mulher se posicionar e oportunizar o cuidado.

A postura da mulher na relação é a melhor arma que ela tem para ser bússola no casamento. O posicionamento é usar a palavra na ora certa.

Posicionamento é fazer aquilo que o casamento precisa que você faça.

Se o seu marido está acostumado a fazer coisas erradas você se posiciona e conduz ele para o correto. Exemplo: convida ele para caminhar, sair, ter um dia juntos para se cuidar, fazer uma dieta, controlar o doce, os alimentos gordurosos. Daí você se pergunta: Para que? Para que ambos fiquem mais amigos, unidos, se cuidem, se olhem.

Compreender melhor o homem é um meio de ajuda-lo. Ajudar o homem voltar para o centro de força é tarefa imprescindível e a mulher pode ser o instrumento para que isso ocorra.

Muitas vezes o homem está desconectado do centro de força dele, da força do guerreiro, do masculino e temos do lado um menino birrento, que reclama de tudo, inclusive do compromisso que estamos chamando-o.

O fato de ele não se cuidar, se jogar no baralho, nos jogos, no futebol, nas bebidas, na falta de tempo para fazer uma oração, muitas vezes não é esse o comportamento que precisa ser olhado e sim, o pensamento e o sentimento que existe por trás disso tudo.

Nós mulheres fazemos e o homem deixa fazer. A mulher ama agindo e o homem ama observando.

Nossa ansiedade em querer ver mudança é grande, temos esperanças, mas precisamos baixar as expectativas. As mudanças vão acontecer, mas precisa de calma. Eles não são algoz, só estão com o pescocinho virado para outras coisas, precisamos olhar eles com amor, não com piedade.

Nós mulheres precisamos ter o olhar amplo, para ver coisas que eles não veem. Em segredo os homens esperam que nós mulheres os ajudamos, como se nós não olhássemos as partes feias deles, sem expor e apontar.

Por detrás de todas as ações (comportamentos) que os homens apresentam (não conversar, não ajudar em casa, mentir, não ser romântico, não cuidar do físico, do mental, não dar segurança para mulher, ser grosseiro, não dar atenção para família, não fazer dieta, não cuidar do visual) existem muitas questões, decisões que eles fazem que não são eles, porque todo ser humano é composto de pensamento, sentimento e comportamento.

Não tem como mudar um comportamento, sem olhar para o pensamento e a emoção dos maridos. Os maridos não são os comportamentos, existem sentimentos e pensamentos que chegam antes do comportamento.

Olhamos muitas vezes para o erro, o comportamento defeituoso, as ações, mas esquecemos de investigar o sentimento que está agindo lá dentro, que está sendo motivado por algo anterior (juventude, adolescência, infância), como se fosse uma cópia de modelo parental.

Quem lá na sua casa de origem não se cuidava? Como os avós do seu marido se comportavam? Como era o pai do seu marido? Quem está fazendo falta para seu marido? Que lugar o seu marido está ocupando da família de origem que não é o lugar dele?

Nas relações liquidas de hoje tanto a mulher como o homem trocam de parceiros para não precisar ter ao lado uma pessoa cheia de problemas, não tem tempo e não quer se dedicar ao seu parceiro, são as chamadas relações líquidas de Zygmunt Bauman.

O nosso melhor está encoberto pelo medo, pelos traumas, orgulho e afasta o outro, porque nós mesmos não acreditamos em nós.

Homem e mulher querem no fundo ficar ombro a ombro, um não pode julgar o outro, aqui ambos chegaram juntos e ambos são adultos. Não delegue a sua vida para o marido, e faça o seu papel.

Quem aí é soldado de infantaria na relação de casal? Quem aí está fazendo o papel de juiz da relação?

Quem aí está delegando a vida para o marido cuidar?

Não delegue a vida para o outro e não permita que o outro delegue para você cuidar.

Não seja controlada e muito menos insegura. Se ofereça para ser porto seguro e esteja disposta.

O último assunto: Relacionamento aberto. Bom vou falar meu ponto de vista, e de cara vou dizer que sou totalmente contra essa modernidade permissiva.

Em um relacionamento aberto, não existe exclusividade e respeito e as duas pessoas concordam que podem se relacionar com outras pessoas sem isso ser considerado como uma traição ou infidelidade.

Na realidade ambos estão desconectados, incompletos individualmente e acham que buscando novas opções vão preencher os vazios que insistem em machucar diariamente.

Esse tipo de combinado vai fazer muitas pessoas sofrerem e no final nada de concreto e de evolução se consegue alcançar.

Toda infidelidade é quebra de contrato de lealdade, gerando prejuízos incontáveis para muitas gerações.

Essa energia triangular não deixa nos sermos honestos com nós mesmos. Toda nossa energia se esgota através de uma dispersão da energia, e consequentemente, dificuldade de fazer um projeto florescer e prosperar. Seja este projeto uma relação afetiva, uma empresa, uma parceria, um trabalho escolar, um novo negócio.

Imagina a seguinte situação: você estar namorando alguém, mas passa outra ao seu lado e você já cresce os olhos. E deixa de se dedicar à relação atual, que, aos poucos, vai minguando, perdendo interesse. Ou em outro exemplo: você começa empolgado a confecção de um produto. Reúne um monte de pessoas em torno da sua ideia, porque você está apaixonado e logo depois, perde o interesse, e deixa um monte de pessoas frustradas e você parte para outro projeto. E outro e outro. Resumo: você nunca está satisfeito.

E aí, nessa bagunça, vamos tentar colocar outras pessoas no meio do nosso relacionamento para ver se muda, não enjoa, fortalece, ou sei lá qualquer outra desculpa que você tenha. E assim, envolvemos outras pessoas para, no fundo, dividir nossas frustrações e cobranças infantis. Mas, o pior é que todo este jogo é inconsciente. Quando encontramos outra pessoa, acreditamos que queremos estabelecer algo bom: um bom relacionamento, uma boa parceria comercial, uma amizade sincera. Mas se o que nos moveu foi a birra de não ter nossas vontades aceitas, sem sombra de dúvida esta relação triangular irá trazer confusão.

Porque simplesmente o outro não pode lhe dar a aprovação que você espera do pai ou da mãe. O carinho que você quer da mãe, a atenção que você quer do pai. Ou melhor, não cabem três pessoas na mesma cama.

Investigue-se.

Se você vive alguma coisa parecida com o que eu disse, está na hora de honrá-los, sendo feliz na sua vida, fazendo algo de bom para você e com seu futuro, tendo autorresponsabilidade.

Agradeça seus pais, tenha gratidão pelo que fizeram de bom e de ruim. Eles são os pais certo para você e ponto final. Deixe-os em paz. Mostre a sua força. E se a cobrança que você possa ter do seu pai e mãe está espelhada na sua relação afetiva, no seu trabalho, na sua empresa, nos seus projetos, será importante rever tudo isso.

Não é mantendo um relacionamento aberto que você irá sanar suas dores, seus vícios e suas lamentações. Ser fiel com você primeiramente é um grande passo para que alguém se aproxime de você e te ajude a ser feliz.

Ninguém pode terceirizar a cura. Só nós somos responsáveis pela nossa felicidade.

A chave da cura está na postura interna de cada um.

QUANDO O MARIDO IGNORA COISAS IMPORTANTES.

Mesmo que o marido ou companheiro não observe as coisas importantes que você fala continue insistindo em falar o que você entende correto.

Não podemos ter ego de achar que o marido vai mudar porque nós falamos. As vezes ele vai mudar com a leitura de um trecho de um livro, uma fala de um chefe, de um amigo, ou algum acontecimento que ocorre durante uma viagem.

Continue preparando o terreno para a semente ser lançada.

Muitas vezes os créditos não vão ser teus, é o ego que quer que você seja vangloriada. Tudo é uma questão de sutileza, ao falar.

Vivemos no estado de ebulição. Precisamos aprender a descomprimir, levantar o botão da panela de pressão, porque tudo tem solução.

Ser sutil ao falar, agir com parcimônia, porque muitas vezes ambos no relacionamento estão feridos e nesse momento os melhores conselhos parecem não servirem de nada.

Ninguém quer conviver com alguém agitado. Está cheio de maridos e mulheres com excesso de medo e sem fé, metendo os pés pelas mãos.

O casamento precisa da sutileza. Falamos e o marido muitas vezes nem quer saber e o nosso ego fica ferido. Às vezes só vamos preparar o terreno e outros vão jogar a semente. Todas nós estamos contribuindo de alguma forma, ou positiva ou negativamente.

O coração do seu marido pode ser árido, que não deixa a chuva penetrar. Se você for insistente uma hora perfura esse solo e ele irá observar.

O fato é que todas nossas ações geram resultados, por menor que seja o movimento. Não tem problema se é você quem fala e depois ele diz que ouviu de outra pessoa os ensinamentos que você já havia adiantado estão plantados no inconsciente e você sabendo que contribuiu já é de bom tamanho.

Lá no seu coração você sabe que você ajudou, que você contribuiu e fez despertar conhecimentos. Continue edificando a vida de seu marido de forma sutil e amorosa, tenho absoluta certeza que terá frutos.

Na prática da relação de casal, o menos sempre será mais. Não deixa teu ego te convencer que não vale à pena. Você não tem noção de quantas sementes você está lançando e outras pessoas vão falar e vai ser o adubo daquilo que você plantou. Tudo é um processo de contribuição.

ONDE VOCÊ ESTÁ SOFRENDO NÃO SE DEMORE.

Quando você estiver frágil, com toda certeza você ficará propensa em receber o que vier pela frente, sem qualquer critério de avaliação ou escolha.

Nesse momento você vai precisar lutar contra a tua resistência. É teu eu interior profano que está tentando te manipular e prejudicar.

Esse bloqueio interno de não querer olhar as causas do teu sofrimento só tem uma razão: não ouvir a voz interna, nosso eu profético

Tornar-se autorresponsável é abandonar a menina interna, a criança que ainda reivindica espaço. Não estou aqui dizendo para você matar sua criança interior, é somente, saber quando ela age e dominar ela. Às vezes, você até poderá deixar ela extravasar, levando ela em um parque de diversão, brincar de roda, esconde-esconde, mas logo você volta a dominar o espaço e ela se aquieta.

Não se demore na escuridão, ficar esperando no lugar da dor é nadar contra a maré. Reage enquanto é tempo. Olhe para frente, estufa o peito, ombros alinhados, como dizia, Amy Cudy, em seu livro o Poder da Presença.

Toda mulher madura sabe que no curso do relacionamento e também da vida em sociedade vai, inevitavelmente, ter momentos de terror ou até mesmo de pânico. O pânico está lá e você não pode se livrar tão cedo.

Fica fria, concentra-se, você sabe o caminho e vai fazendo um passo de cada vez, mas não se demore onde você está sofrendo.

O movimento para sair da dor é simples e complexo ao mesmo tempo. Precisamos ter as "costas quentes", digamos assim, e estarmos alinhado com nosso violino. Basta retirarmos as nossas críticas, os nossos julgamentos, nossas queixas e exigências com nossos pais. No fundo, precisamos parar de fazer algumas coisas, talvez até ficar parado para não atrapalhar. Depois disso acertado, precisamos aprender amar. Sim, amar todos, aquela amiga chata, aquele ex-marido, aquele tio que usa drogas. Ao final, equilibramos nossas relações no dar e tomar. Aqui não adianta bancar a boazinha, pois isso, no fim, acaba destruindo relações.

Vou trazer aqui um exemplo de escritório. Um casal, que tinha três filhos, começou a brigar muito e, com o passar do tempo, decidiu se separar. Ele tinha uma grande habilidade de ganhar dinheiro. Ela, por outro lado, não tinha essa habilidade, e gastava sem limites o dinheiro. No processo de separação ela agiu de forma a tirar bastante dinheiro dele. Ele para evitar brigas no futuro, antecipou o dinheiro, inclusive dos filhos, para evitar desgastes. No final de dois anos, ela gastou todo o dinheiro e começou a exigir mais, se colocando no lugar de vítima.

Essa separação não foi feita com amor e respeito. Eles não queriam reconhecer o vínculo que os unia, o quanto se amaram no passado, os momentos que tinham vivido juntos, os filhos que nasceram desse amor.

Toda essa briga que continuava, mesmo após a separação não era pelo dinheiro que ela sentia que não havia recebido. Era pelo vínculo não reconhecido, pela história não honrada. Ao excluir a mulher, o efeito foi não conseguirem realmente se separar. Ele precisava reconhecer que ela fez parte e que os filhos são parte dela. Afinal.

Assim, o equívoco está em querer negar aquilo que é e que, portanto, pertence. Aqui as pessoas se definem não pelo que são, mas pelo que são contra.

A solução é examinar, dentro do nosso coração, o que estamos colocando para fora. Enquanto não colocarmos dentro do nosso coração aquilo que queremos a realidade será um mero reflexo desse movimento de exclusão.

Portanto, não se demore, onde tem dor. Olhe analise e aja.

TRANSFORMANDO RELAÇÕES FAMILIARES COM A MUDANÇA DE POSTURA.

Se em seus relacionamentos você vivenciou tanto o amor quanto o seu oposto, então é provável que você esteja confundindo o apego do ego com a dependência do amor.

Não se pode amar alguém em um momento e atacar no momento seguinte. Se esse amor tem oposto, então é uma necessidade do ego, porque amor não tem oposto, amor flui sem tropeços.

Vou explicar melhor.

Quando temos um vazio no nosso "EU INTERIOR", ocasionado por traumas, medos, sofrimentos, faltas, dúvidas, e não curamos, ou seja, não colocamos no nosso consciente, e não olhamos para a dor, o relacionamento de casal vem como uma salvação daquela falta, como se o amor fosse um meio de suprir a dor.

Ou seja, quando encontramos o nosso par, achamos naquele exato momento que ele vai suprir todas nossas faltas internas, mas isso é tudo inconsciente.

Quando o outro deixa de preencher esse vazio, por exemplo, não faz mais como a gente quer, não responde, deixa de mimar, não preenche nossas necessidades, então as faltas que estavam encobertas por esse suposto amor, começam a aparecer novamente.

Aí automaticamente queremos que o outro mude.

Como acontece com a droga e outros vícios, estamos bem enquanto a droga está disponível, mas chega um momento em que a droga não funciona mais e nesse momento, começamos a querer moldar o outro para que ele se encaixe na nossa medida exata para suprir nossas lamentações.

Então, passamos ver o outro como "causa" das nossas dores. Isso significa que estamos projetando no outro a culpa por essas sensações, por isso, agredimos o outro com violência moral e física, com exigências, moldes, para caber do jeito que queremos.

Nesse momento, o outro, contra-ataca.

Ainda nesse ponto o nosso ego, acha que o outro vai mudar por medo, de modo que possa usá-lo novamente para encobrir o sofrimento que ainda existe internamente.

Assim, outra forma de se autossabotar é encobrindo essa dor com algum vício. Todo vício surge de uma recusa inconsciente de encarar nossos próprios sofrimentos.

Por isso, tantos relacionamentos estão doentes. Na realidade não são os relacionamentos que estão doentes são os protagonistas desse palco que estão adoecidos.

Na realidade quando casamos levamos conosco as "moedas" recebidas dos pais, como nos ensina Joan Garriga Bacardi, no livro: Onde estão as moedas. Dentro desse pacote, existem moedas de ouro, de prata, de bronze ou outras que não gostamos muito, mas devemos aceitar todas essas moedas, senão vamos procurar elas lá dentro do relacionamento de casal, sugando nosso parceiro para que nos dê as moedas que faltam.

Se, em um primeiro momento nos parece tão difícil aceitar as moedas é porque não sabemos o que fazer com a dor, não sabemos como manipular nossos sentimentos feridos, nem nossas turbulências emocionais. Assim, fechamos os nossos olhos e o coração e inventamos para nós mesmos um mundo suportável que nos permite seguir adiante.

Somente, olhando a dor, no agora, fazendo o mesmo percurso do sofrimento vamos achar a cura. A cura não é no outro, está em nós mesmos.

Para o amor florescer, a luz da nossa presença tem de ser forte o bastante, de modo a impedir que o sofrimento da mente nos domine.

Porque a resposta é muito simples: o que reprovamos nos aprisiona e o que amamos nos liberta.

Assim, ser observador silencioso no agora dos próprios pensamentos e atitudes, em especial dos padrões repetitivos gerados pela mente e dos papeis desempenhados pelo ego é uma boa solução para nossas dores.

O grande elemento catalisador para mudarmos um relacionamento é a completa aceitação do outro do jeito que ele é, sem querer julgar ou modificar nada.

Nesse momento toda a dependência viciada, as lealdades familiares, o amor cego, as dificuldades, os confrontos, deixam de existir. Não existe mais vítima nem agressor, acusador e acusado. Ambos se completam em suas diferenças.

O amor não é seletivo, assim como a luz do sol não é seletiva. O amor não é exclusivo. A exclusividade não tem a ver com o amor de Deus, mas com o amor do ego.

Nos dias de hoje, milhões de pessoas vivem sós, ou criam os filhos sozinhos formando uma relação familiar monoparental ou anaparental, por sentirem incapazes de estabelecer um relacionamento íntimo, ou por não desejarem repetir os dramas doentios dos relacionamentos anteriores.

Outras passam de um relacionamento para o outro, sem realizar a cura, fazendo um ciclo rotineiro de prazer-e-dor, em busca de uma satisfação ilusória, através da união das polaridades das energias opostas. Nesse passo, esquecem do primordial que é o recebimento das moedas do pais, só com isso vamos nos abastecer do amor que vem de dentro e não de fora. Dizer sim, para os pais, é dizer sim para vida, para o essencial.

Outras continuam a viver juntas em um relacionamento em que prevalece a negatividade, em nome dos filhos ou da segurança, pela força do hábito, por medo de ficarem sós, por algum outro acordo vantajoso para o casal.

Porém toda crise representa não só perigo, mas também oportunidade. Se os relacionamentos energizam e elevam os padrões da mente egóica e ativam o sofrimento do corpo, como está acontecendo nos dias atuais, porque não tentar reparar esse fato ao invés de fugir dele?

Por que não cooperar com ele em vez de evitar relacionamentos ou continuar uma perseguição de ilusão de uma companhia ideal.

Em cada crise se manifesta uma verdadeira oportunidade. Precisamos deixar de fincar os relacionamentos na mente e expandir para as profundezas do ser. Sempre que seu relacionamento não estiver bom, deixe aflorar a loucura em você e seu parceiro, para que juntos encontrem a felicidade. Deixa vir para consciência o que estava escondido, é uma verdadeira chance de salvação.

Se houver ciúmes, defesa, impulso para discutir, necessidade de ter sempre razão, veja no agora a criança que você ainda não olhou. Sinta o que essa criança está te pedindo, implorando. Saiba a realidade do momento, enfrente esse obstáculo.

A inconsciência e o conhecimento não vivem juntos por muito tempo.

A humanidade precisa desenvolver porque pode ser a última chance de viver nesse mundo. Isso vai afetar cada aspecto da sua vida e de seus relacionamentos.

Nunca antes os relacionamentos foram tão problemáticos e oprimidos por conflitos pessoais. Aceite que o seu relacionamento está aí para te tornar consciente das tuas dores, sofrimentos, emoções, sentimentos, para fazer você crescer enquanto ser humano, para fazer você cumprir com suas obrigações de pais, e assim, ser feliz. Caso contrário, haverá cada vez mais sofrimento, violência, confusão e loucura.

Aprender ouvir o parceiro de modo aberto e sem reservas, ficando atento para que o ego não comande a conversa, observando quando você deixa o inconsciente tomar conta. De espaço ao outro, o amor não floresce sem isso.

Quando você tiver removido os fatores que destroem os relacionamentos (ego, sofrimento, mente e inconsciente), e o seu parceiro fizer o mesmo, vocês vão sentir a alegria do desabrochar do relacionamento de casal.

Lembre-se o ego precisa de problemas para se alimentar. O inconsciente precisa do tempo que está na mente (passado e futuro).

A solução para nossos sofrimentos é simples. Se sabermos que buscamos no lugar inadequado e que isso nos deixa insatisfeitos, talvez possamos corrigir e, finalmente, buscar no lugar adequado, que sempre é com nossos pais e com a integração da nossa história pessoal. Ou seja, aprender apreciar a vida por mais dolorosa que seja.

O SEU EGO VAI MACHUCAR AS PESSOAS QUE VOCÊ AMA.

Bom, que o ego é seu maior inimigo você já deve saber.

Agora, que ele vai machucar as pessoas que você mais ama, talvez ainda você não havia pensado sobre isso. Nossas famílias e amigos sofrem por causa dele, em grau de maior ou menor intensidade, vai depender de quanto você anda presa em manipular as pessoas a sua volta.

Muitas vezes desprezamos as pessoas cujo aplauso buscamos. Uma pessoa inteligente deve sempre saber os limites do próprio poder e do alcance que tem um desejo quando se torna cego.

A arrogância de uma mulher no casamento diz: eu quero assim e assim terá que ser, não existe outro jeito. Diante dessa afirmação, essa mulher está adoecida achando que o marido precisa se moldar ao seu gosto e jeito, e o marido não tem outra opção a não ser aguentar, mas até quando?

O controle diz: tudo deve ser feito do meu jeito, até as menores coisas, até as coisas mais irrelevantes, pois eu sei o que é melhor para nós.

Esse perfeccionismo arrogante e imobilizante, veda nossos olhos e exaure as pessoas que estão próximas, adoecendo o casal.

Na realidade todo mundo já teve um amigo, um chefe, um parceiro, ou um pai/mãe assim, que paralisa. Depois vem toda aquela briga, discussão, revolta, chegando ao caos, o combate. Me diga aí, qual foi o resultado?

Lembro de uma frase de Sêneca, "aquele que se permite temores vazios, ganha temores reais".

É isso que você almejou antes de casar? De dominar o seu companheiro, tornar ele um prisioneiro dos seus gostos e ordens?

Essa é a liberdade que você almejou quando sonhou com a vida em casal? Provavelmente não.

Então, pare.

PROJEÇÕES

Não é normal ter uma raiva absurda do companheiro. Geralmente quando acontece uma raiva grande o parceiro quebrou algum compromisso. Essas raivas são proporcionais ao evento. Não existe uma escala para medir. Mas, a gente sabe quando está com uma raiva de algo que acontece e quando é desproporcional ao evento.

Raiva descabida é aquela que não tem justificativa com os erros ocorridos. Isso é projeção. Ou seja, projetar no outro uma dor, culpa, expiação que não tem nada a ver com nosso companheiro.

Provavelmente aconteceu alguma coisa grave que não tem a ver com a esposa.

Descompensar, sair fora de si de forma desproporcional é projeção. Esses sentimentos levam a realizar atos gigantes em situações que não mereciam tanto.

Isso é sério, pois nós fizemos projeção no outro porque a gente não está dando conta de segurar, ou seja, a dor está grande demais. Toda pessoa que faz projeção estava guardando a muito tempo, e agora não tem mais espaço para suportar o tamanho sufoco que está guardando no interior.

Se o marido está fazendo projeção, é sinal que dentro dele não tem mais espaço para guardar. A projeção é inconsciente, ou seja, aquele que está fazendo não percebe e pode ser repetitivo.

Isso causa muita dor e na projeção o outro serve como uma tela, como dizia Freud. O movimento de projeção tem esses aspectos até que fique consciente.

O pulo do gato é: o outro está sendo usado e o importante é saber a diferença entre projeção e explosão de acúmulo de raiva que a pessoa explode toda a raiva de uma hora para outra. Quando transborda são questões que a pessoa fez e guardamos e a vasilha enche. A projeção é jogar em cima do outro algo que não é dele, de situações que não foi o outro que causou.

A projeção não é normal. Porque a raiva absurda que surge vem de muito além, pois não tem a ver com erros causados.

Ou se projeta erros de outros companheiros, relações anteriores, que um projeta no outro. Por exemplo: um dos cônjuges foi casado anteriormente e o relacionamento foi mal terminado, sendo que esse cônjuge joga resquícios e lixos no novo parceiro, assim faz projeções na nova relação, sendo que o atual parceiro não tem culpa nos erros passados. Existe ainda, a possibilidade de o cônjuge ter uma raiva, vontade de ir embora, podem ter a ver com raivas das pessoas que ele amava e sentiram esse sentimento. Por exemplo: A mãe tinha raiva do pai porque ele traia. O filho pega a raiva da mãe e projeta no companheiro. Isso, não é devido aos pais, porque outro irmão pode não ser assim.

A criança pega essa raiva para livrar a carga da mãe e depois projeta em um futuro companheiro. Detalhe: fizemos projeções nas pessoas que amamos. Porque inconscientemente o nosso cérebro pensa que nesse local o ambiente é seguro, posso fazer isso porque o outro me ama. Nosso cérebro não é bobo.

A projeção pode ser porque eu vi, ou porque aprendi que o certo é assim. Exemplo: a mãe critica o pai por ser pão duro, ou o pai fala mal da mãe porque ela é comunicativa.

Sentimentos que se projeta no outro, sem que a pessoa tenha culpa nenhuma traz dor e término na relação. Todo mundo um dia já fez projeção, porque é um mecanismo de defesa.

A nossa bagagem determina nossas decisões, fantasias, relacionamentos, comportamentos, por isso, devemos nos cuidar, não abandonar a nossa profissão, construir nossa história e não ficar como espectro dentro da relação de casal.

PRESENÇA DO EVANGELHO NO LAR

O bom desenvolvimento ético-moral entre os familiares é construído com pilares mais sólidos com base na presença do evangelho entre os integrantes para dirimir incompreensões, solucionar problemas, ter exemplos que dignificam o homem, respeitar-se sem alterações coléricas, ser fortaleza nos momentos difíceis e nunca perder o rumo do melhor caminho.

Hoje está escasso a presença da oração em face da televisão nos momentos de refeições, do uso do celular, das intensas atividades digitais, dificultando a aproximação das pessoas amadas entre si, ao mesmo tempo sobra espaço para adentrar diversos distúrbios nos filhos, sem que os pais percebam devido à pouca convivência e os encontros-relâmpagos.

A leitura dos textos do mestre Jesus é bálsamo para o lar, renova a mente, as emoções, o intercâmbio de energias boas, frutificando o solo doméstico, trazendo conhecimento e interpretação das parábolas de Jesus.

Foi Jesus o educador por excelência, e o melhor médico da alma. Quanto mais os integrantes do lar convivem com harmonia, mas amplo são as facilidades de entendimento fraternal.

Sua vida, na singela Galileia do primeiro século, é testemunho do homem em comunhão com Deus, por meio de sentimentos, pensamentos, condutas e exemplos. Através de parábolas, metáforas, provérbios, enigmas, cantos, sentimentos, o Mestre Jesus queria eternizar no coração do homem cego o caminho da bem-aventurança para a evolução individual e no coletivo.

A união conjugal aparada pelas palavras do Mestre pode ser converter em fonte de saúde quando ela for rica de afeto, amor e carinho.

Pesquisas científicas já comprovaram que quando as pessoas se sentem amada por seus cônjuges, são muitos menos propensas às enfermidades e têm uma capacidade maior de recuperação quando adoecem. Já de outro ponto, quando o amor bate retirada, a saúde também sofre e se ausenta, pois muitas de nossas doenças advêm da carência emocional.

Por essas razões, estou convencida de que o evangelho demanda desenvolvimento de sensibilidade de alma, para poder ser capaz de ver, com propriedade os aspectos relativos à forma, conteúdo, material, caminho das lições do mestre. Sim, é preciso viajar no tempo e se colocar no mundo da cultura hebraica da época

Pena que se ame tão pouco depois do casamento. Pena que as pessoas deixam de orar, se cuidar e manter a paz espiritual. Assim, as pessoas afastadas do evangelho, por arrogância, prepotência, sem qualquer rumo, referência, ou talvez vazio de fé, deixe de seguir os ensinamentos apresentados há mais de dois mil anos.

É POSSÍVEL
FAZER DAR CERTO?

Sim.

Primeiro você terá que saber o que você quer realmente. Sempre digo, manda embora todas as tuas expectativas, o que sobra é o seu humano em carne e osso, pergunte-se: eu quero? Então você terá a resposta se vale à pena.

Depois você não pode buscar a perfeição e querer "diquinhas" de como fazer dar certo.

Muitas pessoas vão em busca de dicas e isso não ajuda crescer. Na falta de transcendências enchemos a mente com qualquer vulgaridade disponível. O ser humano busca se preencher rápido, de forma fácil, prazerosa e esses erros são malignos que destroem a confiança e a lealdade.

Tudo que é pronto e acabado não evolui e prospera. Muitas coisas que escutamos vamos dar valor depois de um tempo, quando estivermos preparados para receber.

Tentar sanas as diferenças existentes dentro da relação vai tornar o outro igual a você e isso é restringir as oportunidades. Conseguir conservar a paz mesmo com tantas diferenças é a maior sabedoria de um casamento.

Respeitar o que cada um trouxe na mala é um farol para alcançar a luz no casamento.

Tem muitas mulheres e homens atraindo olhares de terceiros, destruindo a relação para preencher feridas emocionais, se sentir forte e buscar vulgaridades. A alma humana cansada busca se nutrir de dejetos emocionais. Quando estamos no vale da sombra não conseguimos enxergar a saída, sem olhar para o alto. Na falta da transcendência, preenchemos o buraco com qualquer vulgaridade disponível.

Quando vemos mulheres se exibindo para maridos caídos na moral. Mulheres bonitas, bem-sucedidas, com profissão, emprego fixo, saúde, praticando esportes, iludindo homens casados para buscar prazer.

Nunca tire o pé da realidade. Aterrisse sem medo na relação que você escolheu e ajude preparar o solo para fertilizar o amor que existe dentro do coração.

Podemos encontrar formas de harmonizar as diferenças sem adentrar no conflito, olhando para nosso lar com amor, carinho, oportunidade, fazendo reflorescer o amor, transformando a casa em um porto seguro.

Tenha certeza que tem muita coisa bonita por trás do que você hoje enxerga no seu marido.

A cura de um casamento não está no restabelecimento do diálogo, sexo, paixão e sim, em perceber se o propósito que existe entre vocês é o mesmo.

O QUE GERA AFASTAMENTO NO CASAL?

As diferenças que existem dentro do casal precisam ser olhadas. Quem não cuida e não observa as diferenças, integrando-as para crescimento coletivo e pessoal não consegue transcender dentro do casamento.

Você mulher precisa ajudar o marido transcender. Casamento não é para não sofrer a solidão da velhice. Casamento existe muito antes, para traçar uma jornada árdua, e isso é para todo mundo.

As brigas, os desentendimentos o esgotamento físico e emocional gera o afastamento do casal.

Você já se perguntou do que o casamento está te curando? Sim, viver diariamente com o marido, filhos, cuidar da casa, ter intimidade, dividir contas, é um verdadeiro curso para nossa evolução. Tenho certeza que o seu casamento está te curando dos excessos, da superficialidade, do egoísmo, da passividade, da impotência, do medo, do vitimismo, da carência, das ilusões, da soberba, nossa, colocaria muitos outros adjetivos aqui.

Por outro lado, o que o casamento está te devolvendo? Do real sentido da vida, do essencial, da compaixão, da partilha, do servir, da sensibilidade. Portanto, veja, que transformação que um casamento está apto a fazer em uma família.

Temos que ir além do bom diálogo e do bom sexo. Quando compreendermos as verdadeiras razões de um casamento, criamos conexão e raízes profundas para que frutifique e passamos esse bastão do fluxo do amor para os filhos.

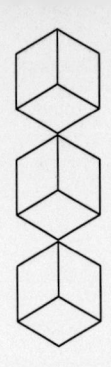

ARRANJOS DE CASAMENTOS

O modelo clássico de família, que a maioria de nós conhecemos, e em que o casamento era visto como uma instituição indissolúvel, começou a ruir na segunda metade do século passado. Aliás o Rei Henrique VIII, da Inglaterra e a rainha Catarina de Aragão deram o pontapé no que se refere ao princípio da indissolubilidade do casamento. Sua união com Henrique VIII não resultou em um herdeiro masculino para o trono, motivo que o levou a entrar com um pedido de anulação do casamento, alegando que ela teria consumado o anterior, com seu irmão mais velho, falecido pouco depois de desposar Catarina, Artur, Príncipe de Gales.

Uma série de eventos seguiu esse pedido de anulação de casamento, levando ao rompimento da coroa inglesa com a Igreja Católica Romana após o papa negá-lo. O rei, assumindo a supremacia religiosa no país, conseguiu a anulação e casou-se com sua amante Ana Bolena. Catarina, todavia, nunca aceitou a decisão, e continuou considerando-se sua legítima esposa e Rainha da Inglaterra.

Esse fato é um exemplo de como as circunstâncias de cada casal vai fazendo transformações nos arranjos familiares. São mudanças inesperadas, rotinas desgastantes, formas de pensar diferenciadas, nova geração surgindo, ou sei lá, seja o que você encaixar como pretexto, mas a realidade é que os arranjos familiares mudaram e continuam mudando.

Muitos de nós assistimos acabar o amor entre nossos pais, porém o casamento sobrevivia, em nome da união familiar. Uma geração de mulheres educadas para o casamento, tanto é que aguentaram caladas, abusos, desentendimentos, reprimendas, por medo da solidão, vergonha dos familiares, rejeição da sociedade.

Hoje as famílias se organizam mais de acordo com os desejos e interesses pessoais, construindo seus laços a partir da afinidade que existe entre o casal, além da incessante busca pela felicidade individual, antes reprimida pela sociedade patriarcal.

Sabemos que ainda existe um número alto e expressivo de mulheres que casam por pressão, e aqui não estou falando de casamento na infância, estou falando de mulheres depois dos 30 anos, que se sentem pressionadas em atender a expectativas da sociedade, que intitulou que aos 30 anos elas devem estar casadas, planejando ter filhos e com a carreira construída.

A confusão de sentimentos, de valores, de buscas, de ideais, muitas vezes gera consequências desastrosas lá no lar, mas de acordo com os envolvimentos líquidos muitas famílias surgem e terminaram repentinamente e outros vão seguindo o fluxo, mesmo que precisem visitar mais frequentemente um psicólogo.

A autonomia conquistada pela mulher, a legalização do divórcio, a liberdade sexual e, consequentemente, o aumento do número de mães solteiras, ajudaram a compor o atual cenário da nova família.

Segundo o artigo 226 da Constituição da República de 1988, a família é compreendida como a base da sociedade e recebe uma proteção especial do Estado.

Ao longo dos anos, o significado de família vem sendo alterado. A família tradicional, família nuclear, composta por pai, provedor da casa; mãe, cuidadora da família, e seus filhos foi sendo substituída por novos tipos de família. Família anaparental, família informal, família homoafetiva, família unipessoal e outras tantas, criadas pela dinâmica das relações sociais, às quais se têm reconhecido direitos de variadas espécies, notadamente, no que tange a alimentos, direito sucessório e proteção processual.

Atualmente, o entendimento jurídico sobre a família comporta vários tipos de agregados familiares e visa dar conta de toda a complexidade dos fatores que unem as pessoas.

O que muitos não sabem é que homem e mulher ao construir um arranjo familiar começam se relacionar de uma forma, as vezes escolhida, conversada, muitas vezes sentida, ou até mesmo sem causa aparente, mas expressam como se relacionam como indivíduos.

Assim podemos citar um casal onde o homem é simbiótico e a mulher é simbiótica, o que isso significa, é que ambos vivem entre si, um lê a mente do outro, tudo fazem juntos, não abrem espaço para a individualidade, para os amigos e com o tempo vão se enjoando e a relação termina, porque afinal, nada de produtivo foi realizado.

É fácil perceber os efeitos da relação simbiótica e da ausência de si nos relacionamentos. Ao menos uma vez, você já ouviu alguém dizer: «eu vivo para ele»; «ela é tudo para mim» ou então, «não sei viver sem você, vou me suicidar».

O maior problema para as pessoas que vivem esse tipo de relacionamento e descuidam de suas necessidades afetivas, das suas essências e individualidade é que elas tendem a querer se fundir com os parceiros, pensando que assim sua sensação de vazio vai embora. Elas baseiam sua busca no mito de encontrar a outra metade. Alguns chegam a acreditar que o amor só é verdadeiro quando ambos se sentem como se fossem um e não percebem quanto mal fazem a si mesmas e ao outro com seu comportamento grudento.

Se você acha que amar é se grudar no outro, viver praticamente dentro do outro, talvez tenha em seu íntimo um grande medo de se entregar a um relacionamento mais maduro por não acreditar que pode arcar com todas as responsabilidades que ele comporta. Casamento é responsabilidade, portanto, casar e se relacionar dessa forma, muitas vezes reflete o grande vazio que existe dentro de si, e para preencher esse espaço é olhar para a família de origem que não está lá dentro.

Ou talvez você se sinta inseguro sobre o tamanho do amor do outro e seu medo de perde-lo o faça tentar controlar seus olhares, amizades, horários, atividades, conversar, modos de vestir e se comportar em público, mas isso não protege ninguém apenas limita sua liberdade e a alheia

Outro arranjo familiar seria um simbiótico e o outro atuante, onde um atua assiduamente, busca seus sonhos, sua individualidade e o outro só concorda e segue o fluxo, parecendo um fantasma na relação, sem poder de decisão, opção, escolha, colaboração, muitas vezes não é valorizado, tudo é pensado e resolvido pelo atuante.

Nesse caso, o atuante poderá chegar alto, dar grandes passos, mas sempre terá que voltar algumas casas se quiser continuar ao redor do simbiótico. Esse tipo de relacionamento é frustrante, decepcionante e vai gerar conflitos, ciúmes, desconfianças minando a relação de casal.

Outra forma de se relacionar é um sendo atuante e o outro também. Aqui é cada um por si, não se olham, não se respeitam, apenas dividem o mesmo teto, parecem que vivem em uma república, onde ambos trabalham, dividem as contas, os cuidados com os filhos, mas, cada um tem seu propósito de vida. Aqui nessa relação crescem algumas chagas como: desrespeito, competição, arrogância, sonhos opostos.

O modelo ideal seria ambos interdependentes, ou seja, conseguem juntar todos os modelos, atuante, simbiose e a dependência, assim seguem o mesmo propósito, respeitando suas diferenças e individualidades.

A interdependência envolve um equilíbrio entre o eu e o outro dentro do relacionamento, reconhecendo que ambos os parceiros estão trabalhando para estar presentes e atender às necessidades físicas e emocionais um do outro de maneira apropriada e significativa, sem perder a individualidade.

Um relacionamento de interdependência é quando ambos os parceiros se respeitam, se valorizam e prezam seu vínculo afetivo sem perder sua própria identidade no relacionamento. Se ambos os parceiros estabelecerem uma boa compreensão da interdependência em um relacionamento, seu vínculo se tornará mais sólido e saudável.

Um relacionamento construído na interdependência mútua dura para sempre e mantém você feliz em busca do propósito de vida. Poucas pessoas têm relacionamentos saudáveis e duradouros, ou seja, 3% dos casamentos são interdependentes.

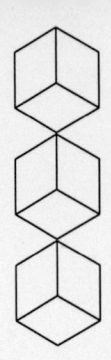

EQUILÍBRIOS

Nunca se falou tanto nas formas de se relacionar como nos dias de hoje. Tudo para responder as exigências de uma sociedade onde os valores e as regras econômicas e sociais estão sempre em mutação.

Diante desse panorama, a relação conjugal parece ser a que mais exige das pessoas, uma vez que contempla histórias de vidas diferentes. Histórias essas que se chocam ao longo da trajetória do casamento. O sofrimento é tal, que o indivíduo aponta para a relação ou para o parceiro, como sendo causador do seu sofrimento interno. Se o indivíduo não está curado, poderá projetar no parceiro suas dificuldades, aumentando as chances de tornar a relação um grande obstáculo.

Em uma relação conjugal o mais indicado é que o casal viva em equilíbrio. Esse equilíbrio se refere as finanças, nas relações domésticas, na fé e na vida espiritual, nos hábitos e no tempo livre, nas formas de demonstrar afeto, etc.

O casal que sabe conversar sobre dinheiro, traçar um plano econômico respeitando quanto cada um ganha, fazendo planilhas mensais, decidindo conjuntamente quem paga o que é acima de tudo, tenham confiança um no outro, projetam uma grande energia positiva dentro do casamento gerando consequências saudáveis para ambos.

Devemos aprender a dar opinião, sem impor nada ao outro, construindo uma verdadeira prática que seja bom para ambos. Geralmente aquele que ganha mais, se torna arrogante em relação ao outro e isso, impede o crescimento e a confiança dentro da relação. As competições dentro das finanças também são obstáculos a serem superados, porque não podemos nos iludir que padrão de vida muda a felicidade do casal.

A felicidade é colhida dia a dia com o que plantamos. Um homem individualizado sofre muita pressão interna e acaba prejudicando o lar.

Nas relações domésticas o equilíbrio é primordial, ainda mais nos dias de hoje onde ambos saem para trabalhar fora.

As mulheres reclamam dos maridos porque estão cansadas e o trabalho no lar não é valorizado, não gera lucros e nunca acaba. Assim, ninguém quer fazer.

Em alguns casos marido e mulher trabalham fora, em outros, apenas um dos dois, enquanto o outro se envolve mais com as tarefas domésticas, mas a verdade que não quer calar é que, na maioria das vezes, as mulheres ainda se encarregam dos serviços da casa de forma mais comprometida, e mesmo quando já trabalham fora, muitas delas chegam em casa e fazem a limpeza sozinha, e esse cenário não é bonito, gerando o terceiro turno de trabalho.

O trabalho doméstico, especialmente depois de ter filhos, é estressante e, se não é dividido, pode levar a pessoa que se encarrega a um nível alto de frustração. Por isso planejar a rotina de casa é tão importante, e tenham certeza: depois de ter planejado todo casamento, com uma programação impecável poderá tirar de letra esse monstro.

O equilíbrio na fé e na vida espiritual também deve ser observada pelo casal. Existe um grande risco de os parceiros ficarem apegados ao sistema familiar de origem e não conversarem a respeito da espiritualidade dentro do casal, ainda mais se os cônjuges vieram de crenças diferentes. Sabemos que é difícil se desapegar das crenças recebidas de quando criança, pois gera culpa, medo se fizer diferente.

A primeira atitude a tomar é o reconhecimento de que ambos que estão sob a autoridade divina. Existe um Deus maior que cuida e nos ampara por tudo.

Deus deve estar acima do casal. Ele cuida, ilumina é esteio e estabelece critérios para os relacionamentos que querem seguir de forma saudável. Poucos casais param e se perguntam, em momentos de decisão e em momentos de crise relacionais, qual é a vontade de Deus para eles. E muitas decisões são tomadas no lar sem a consulta a Deus. Uma oração dentro da família transforma o lar, abençoa os filhos, é lenitivo para os momentos dor, desespero e confusão existencial.

Para se colocar sob a autoridade divina e buscá-la sem fardo e com alegria, o casal precisa nutrir a consciência de que o lar cristão é firmado sobre o Mestre Jesus. Cada vez mais se constatam os resultados benéficos da formação espiritual de que cada indivíduo, especialmente quando construída dentro do lar. Os enfrentamentos diários, morais, orgânicos, emocionais são amparados pela orientação espiritual.

Neurocientistas e estudiosos do comportamento vêm constatando a excelência da fé religiosa. Quando se acredita em algo, especialmente de natureza transcendental, afetiva, religiosa, melhor conduz-se durante as ocorrências difíceis, do que aqueles que não tem apoio para afirmar-se na esperança e no propósito do por vir.

Uma casa sem base espiritual, gera comportamentos cediços e profanos, mais aumentando o número de crianças portadoras de distúrbios psicológicos, suicídio, drogas, violência, uma vez que o anseio ao que é transcendental desperta o ser para as maiores realizações da vida e planejamento para o futuro.

Quando o lar tem anseios religiosos equilibrados, sem os fanatismos, o puritanismo hipócrita, suas estruturas gerais comportam qualquer agressão e tormenta, tendo orientação de uma bússola apontando para o porto seguro e a paz.

Outro ponto também é o equilíbrio nos hábitos e no tempo livre. Todo casal precisa de um tempo para si. Quando nós voltamos para nosso companheiro, observando, interagindo e participando do seu dia a dia geramos uma reconexão familiar.

Quando um dos companheiros, faz um esforço, e volta-se para o outro, a outra pessoa tem três opções: ignorar o gesto (afastamento), reage negativamente (ficar contra) reage positivamente (volta-se para).

Vamos supor que eu diga: "olha que lindo aquele pássaro", o outro poderá, ignorar, falar que está ocupado, ou dizer: "Uau, que lindo!". Esse pequeno exemplo é um depósito emocional na vida do casal. Momentos breves de clareza e conexão geram uma relação cordial e de respeito. Por mais exaustivo que seja seu dia, sempre existirá oportunidade para voltar-se para. Custa pouco e a recompensa é enorme.

As mulheres logo que tem seus bebês entram em um momento muito complicado na relação, elas têm dor física, fraqueza emocional, medo de cuidar do bebê, sua cabeça tem um turbilhão de emoções, tanto biológicas, como emocionais, e isso gera, um afastamento do casal.

A chegada do bebê provoca uma reviravolta total na vida de um casal. Tudo passa a girar em torno das exigências do recém-chegado. É fundamental ter disponibilidade para receber as diferenças e as alterações que o bebé vai impor na vida da família.

Manter o contato com os amigos e reservar tempo para si e para atividades recreativas em casal, é essencial para qualquer casamento.

Assim, reservar uma noite para passar a dois, jantar fora ou ir ao cinema ou a um espetáculo de música ao vivo são atos de extrema importância dentro da relação de casal, para não perder a sintonia, a admiração e o amor. E não se deixe invadir pelo sentimento de culpa, em deixar os filhos com os pais, babá, amigos, estando eles bem cuidados tudo vai se resolver.

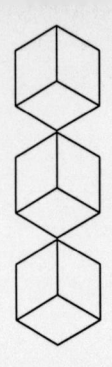

"Traição se resolve com postura e não com ciúmes".

"A traição não é a busca da alma é uma prova de que você está fora do eixo".

"Quanto mais eu tenho confiança, mais eu domino a situação".

"O ciúme é um movimento inconsciente de querer expulsar o outro do relacionamento".

"O maior problema é quando não damos conta de bancar nossas fragilidades e acusamos o outro das nossas dores".

"O controle na relação de casal nasce da falta de confiança".

"Fidelidade é inegociável".

"Querido sogro, olhe seu filho com carinho se ele fizer um pouquinho diferente".

"Acredite no teu potencial de vencer as crenças limitantes".

"Onde você estiver poderá transformar a sua vida".

"É na realidade que os homens criam vínculos".

"Os dispersos na vida estão dentro de um mundo comum".

"O fogo tem a propriedade de se multiplicar e não diminuir a fonte".

"A qualquer momento você pode depurar o seu caráter".

" O homem não é só a barca, são os remos, você conduz".

"Crenças limitantes são como o chão que se afunda, não tem estrutura para te erguer".

"Eu escolho todos os dias quem eu sou".

"A energia da mulher é a energia da casa".

"Não podemos nos doar tanto na relação de casal, devido ao desequilíbrio entre o dar e tomar".

"O segredo do relacionamento de casal não é o amor é o equilíbrio entre o dar e o receber".

"Consciência leve em um relacionamento está a serviço de algo maior".

"Aquele que recusa, logo empobrece".

"Todo relacionamento com mais trocas positivas tem mais sucesso".

"A paz só existe quando você dá algo equivalente".

"Quando alguém dá algo você sente o desejo de dar algo em troca".

"Os apaixonados erram menos porque estão no estágio mais raso do relacionamento".

"Existem dois momentos da paixão que é no início e após uma crise no relacionamento".

"Não importa o que te aconteceu, mas o que você vai fazer com o que te acontece".

"Dinheiro não se ganha se faz".

"Toda pedra emaranhada de célula são lágrimas petrificadas".

"O que uma mãe carrega nos olhos, os filhos carregam nos ombros".

"Onde o medo entra a alegria sai".

"Emburramento tem cura, só precisa de repertório".

"Todo homem é muito diferente da mulher, se você olhar só para as diferenças você não casa".

"Enquanto eu me colocar na posição de vítima, alguém vai precisar ser o agressor".

"Você tem um lugar no meu coração".

"Reconheço o quanto você foi importante para mim".

"Honro a vida e a força que vem dos meus ancestrais"

"Recebo com gratidão tudo que me deste".

"Fico com 50% do que deu certo e errado e deixo você com 50% do que deu certo e errado entre nós".

"É insano tentar burlar as leis naturais".

"Quanto mais você tem conhecimento, mais você cresce na relação de casal"

"Mulher sábia, sabe seu valor".

"Relacionamento não é sobre segurança, e sim, confiança".

"O colo dos pais, salva vidas".

"Na maioria das vezes, você não precisa de um novo relacionamento, mas de uma nova forma de olhar".

"A morte não nos separa".

"Há assuntos que são somente dos pais".

"Pai e mãe nunca se separam".

"Os filhos precisam ser filhos e os pais serem pais'

POSFÁCIO

À medida que as mulheres foram conquistando direitos, as famílias começaram a prosperar como uma integralidade, despertando os sentimentos e reverenciando os afetos.

Sentimos as emoções, os choros, as dores, as despedidas e ao mesmo tempo uma luta constante para achar um caminho diante de tantas dores, possibilidades, empoderamento, filhos, reconexão.

Um curso presencial que sentiu a necessidade de virar livro. Pequemos apontamentos, sem qualquer pretensão de esgotar o tema, segue seu fluxo para trocar conhecimento e registrar para as futuras gerações.

Um casamento salvo e já é o suficiente.

Ao longo desse livro, descrevi alguns apontamentos sobre casamento, percepções de relacionamentos, sentimentos, minhas vivências, reflexões, ensinamentos de terapeutas, psicólogos, cientistas, estudiosos e os casos reais que chegam no escritório todos os dias, pedindo uma ajuda, um norte.

Toda semana uma separação. Será mesmo que essa é a melhor saída? O que está acontecendo com as famílias? Essas dúvidas tenho sempre e com toda certeza você também algum momento já se perguntou: Será o fim dos casamentos?

Diante da alta taxa de divórcio senti a necessidade de contribuir com os casais de alguma forma, bem humana, e sem qualquer pretensão de dar aula, ou ser melhor. Somente levar conhecimento e fazer com que as pessoas observem mais para dentro de si, assim, ficam completas para ajudar os companheiros.

Todos os casos retratam uma vida bem real, cheia de momentos mágicos, tristes, felizes, trágicos, ansiedade, medo, destruição, morte, sim, coisas boas e tristes que experimentamos todos os dias.

Não existe versão melhor de casamento, o que existe são casos reais e feitos de pessoas comuns e normais que lutam todos os dias para fazer dar certo.

Tenha certeza, todos nós estamos tentando fazer dar certo, ou ao menos, a maioria, e esse tentar é pesado, difícil, precisa de muito amor e paciência.

Reagimos por medo, culpa, julgamento, fantasia de algo melhor, busca por preenchimento, mas esquecemos que tudo está em nós, só nos falta abrir bem os olhos e compreender que é simples, basta aceitar o aqui e agora.

Tenha certeza que seu companheiro (a) é a melhor versão para fazer sua busca interna, talvez esteja relacionado ao amor próprio para você sair de uma relação tóxica, e aprender o que te prende a um relacionamento abusivo, ou apontando para seu melhoramento pessoal como ser humano, fazendo frutificar a paciência, resiliência, admiração, companheirismo ou aprendendo a servir, ser útil, amar, criar, amparar, cada um com sua jornada evolutiva e melhoramento pessoal.

O que o teu casamento te ensina? Do que o teu casamento está te melhorando enquanto indivíduo?

As redes sociais nos impulsionam para viver algo inalcançável, irreal, longe de ser palpável, isso vem prejudicando, homens, mulheres, crianças, jovens, idosos, porque todos correm atrás de algo que é uma ilusão.

Viver o agora, de forma comum, com o relacionamento que chegou até mim, sem julgamentos, tomando a responsabilidade do futuro assumindo o compromisso de olhar para dentro e arrancar, nem que seja aos poucos o inferno que projetamos estar no outro.

Assim como diria Jean-Paul Sartre, na peça teatral apresentada em 1945 intitulada: Entre quatro paredes, com a famosa frase: O inferno são os outros. Onde duas mulheres e um homem se encontram no inferno, condenados a permanecer juntos, ali, entre quatro paredes, numa convivência sem fim, trazendo a reflexão de que o outro, em verdade, é fundamental para o conhecimento de nós mesmos.

Conviver não é fácil, naturalmente porque nós não somos fáceis. Para compreender o outro precisamos nos compreender, em primeiro lugar, por exemplo: cultivar a tolerância, o respeito, aceitar o outro como é, aceitar os nossos pais, servir e aceitar ser servido, tomar a responsabilidade pelo futuro, aceitar um lugar comum, um relacionamento comum, sair da arrogância e do orgulho.

Nesse lugar que eu estou também é um lugar comum, sou igual a você leitor que tenta todos os dias ser um ser humano melhor, por isso, com muita humildade espero ter contribuído para que juntos compartilhamos experiências, aprendizados e possamos construir cada dia um casamento melhor, ou até que seja possível, porque terminar também faz parte e é naturalmente normal e comum.

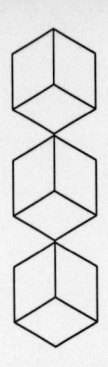

REFERÊNCIAS

BACARDÍ, Joan Garriga. **Onde estão as moedas:** as chaves dos vínculos entre pais e filhos. 3. ed. Valinhos: Editora Saberes, 2020.

CHAPMAN, Gary. **As cinco linguagens do amor.** 3° edição, São Paulo, Mundo Cristão, 2013.

HELLINGER Bert. **O amor do Espírito.** Patos de Minas: Atman, 2009.

HELLINGER Bert. **A cura.** Belo Horizonte, Atman, 2021.

HELLINGER, Bert. **Amor à Segunda Vista.** Belo Horizonte: Atman, 2011.

HELLINGER, Bert. **Olhando para a Alma das crianças.** Belo Horizonte, Atman, 2011.

OLIVEIRA JUNIOR, Décio Fábio de. **Ema Ema Ema cada um no seu quadrado:** como a visão sistêmica pode melhorar a sua vida. Divinópolis, MG IDESV, 2020.

STORCH, Sami, MIGLIARI, Daniela. **A origem do Direito Sistêmico.** Brasília, DF, Tagore, Editora, 2020.